I0818477

Andechs – Bayerns Heiliger Berg

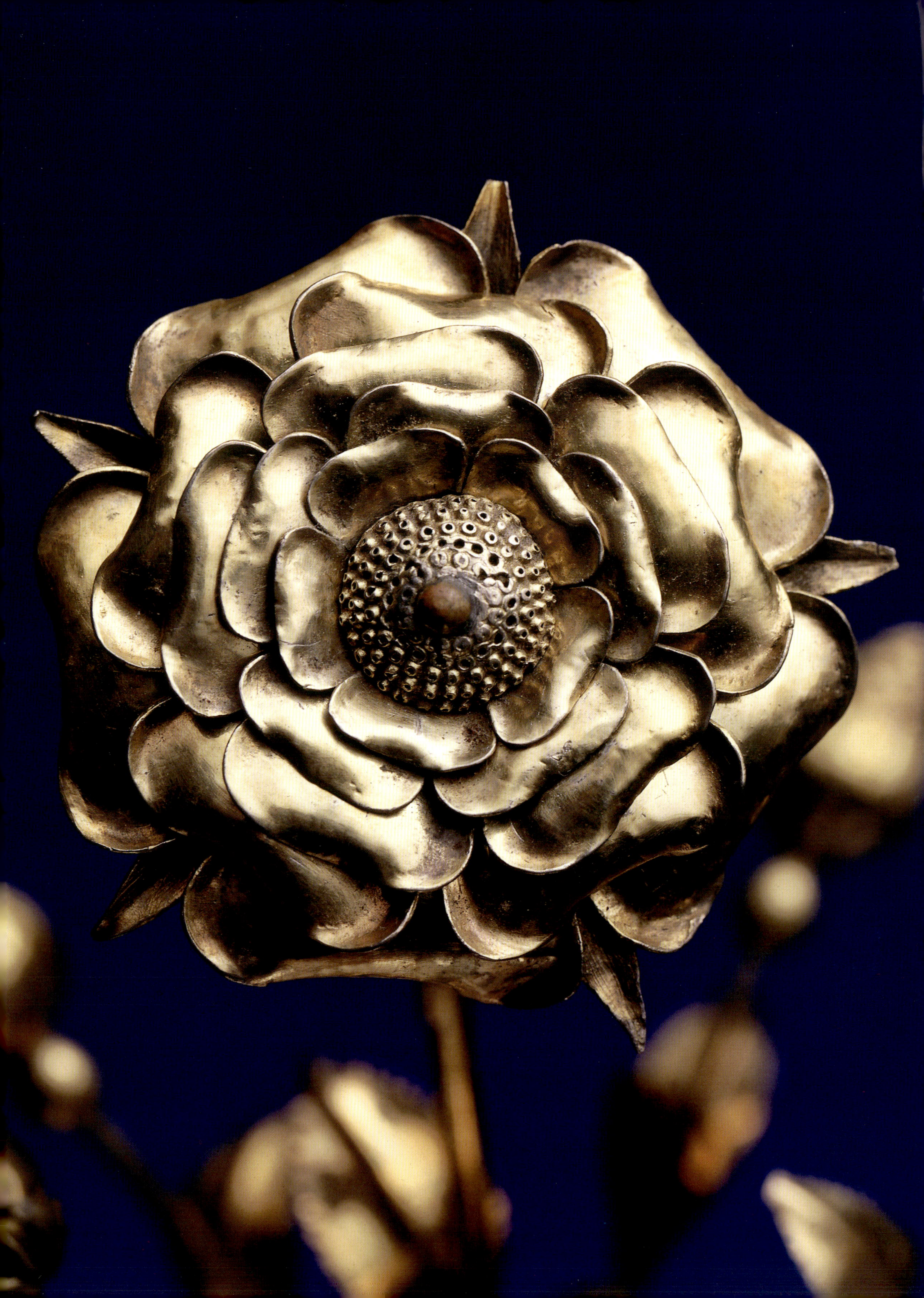

Abt Johannes Eckert

Andechs – Bayerns Heiliger Berg

mit einer geschichtlichen Einführung
von Birgitta Klemenz

Fotografien von Anton Brandl
und Wolf-Christian von der Mülbe †

SCHNELL | STEINER

Seite 2:
Detail aus der Goldenen Rose, Geschenk des Papstes an den Klostergründer Herzog Albrecht III.

Vordere Umschlagseite: Andechs von Norden mit Blick auf die Zugspitze
Rückwärtige Umschlagseite: Wachsgewölbe

Bildnachweis: Seite 2, 40, 42, 43, 51, 52, 53, 54, Wolf-Christian von der Mülbe †;
Luftaufnahmen Seiten 8/9, 104/105 Herbert Stolz, Regensburg;
alle anderen Anton Brandl, München

Bibliografische Information der Deutschen Nationalbibliothek:
Die Deutsche Nationalbibliothek verzeichnet diese Publikation in der Deutschen Nationalbibliografie;
detaillierte bibliografische Daten sind im Internet über <http://dnb.d-nb.de> abrufbar.

1. Auflage 2012

Leibnizstr. 13, D-93055 Regensburg
Umschlaggestaltung: Anna Braungart, Tübingen
Satz und Druck: Erhardi Druck GmbH, Regensburg
ISBN 978-3-7954-2615-6

Weitere Informationen zum Verlagsprogramm erhalten Sie unter: www.schnell-und-steiner.de

Inhaltsverzeichnis

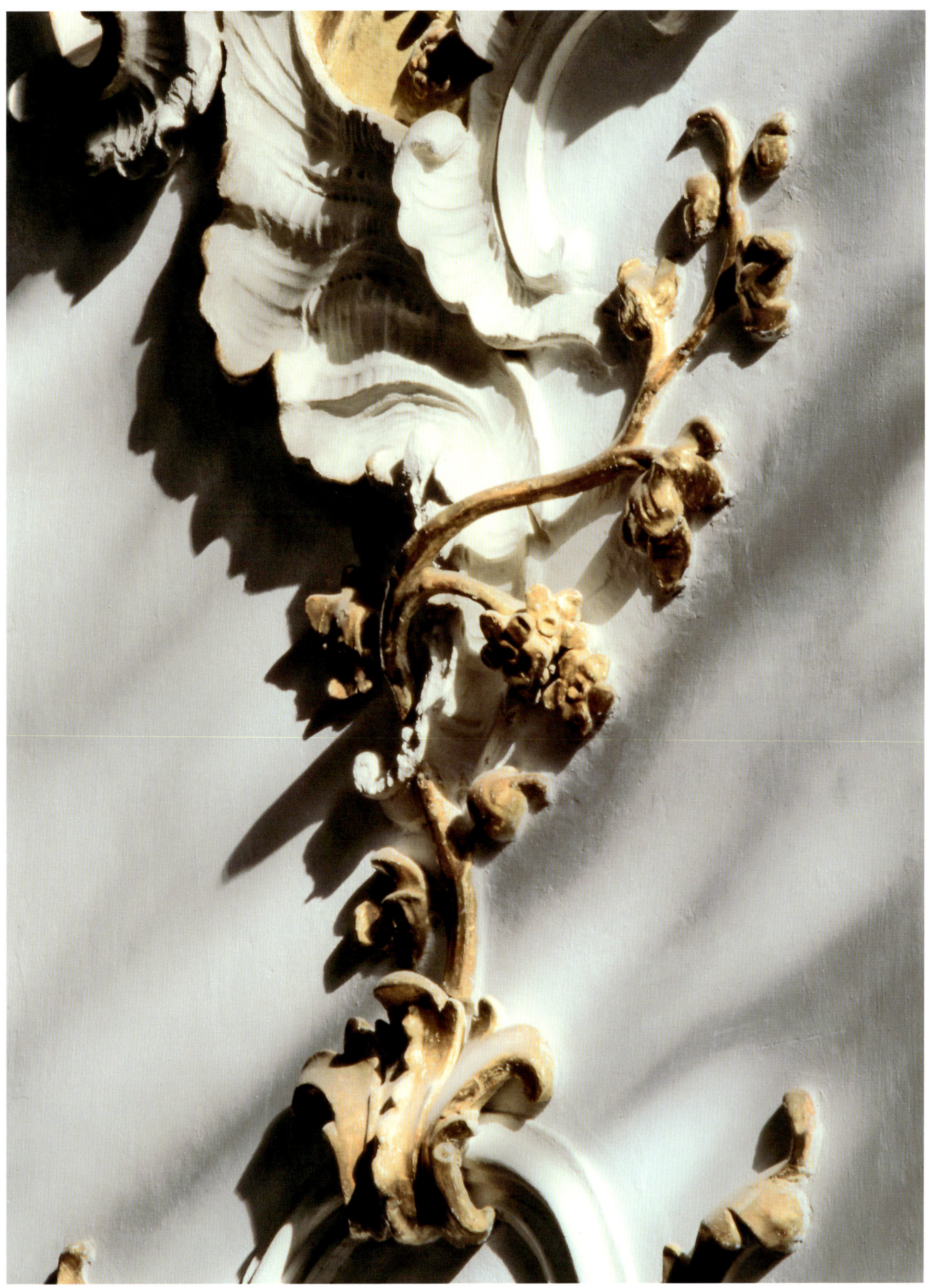

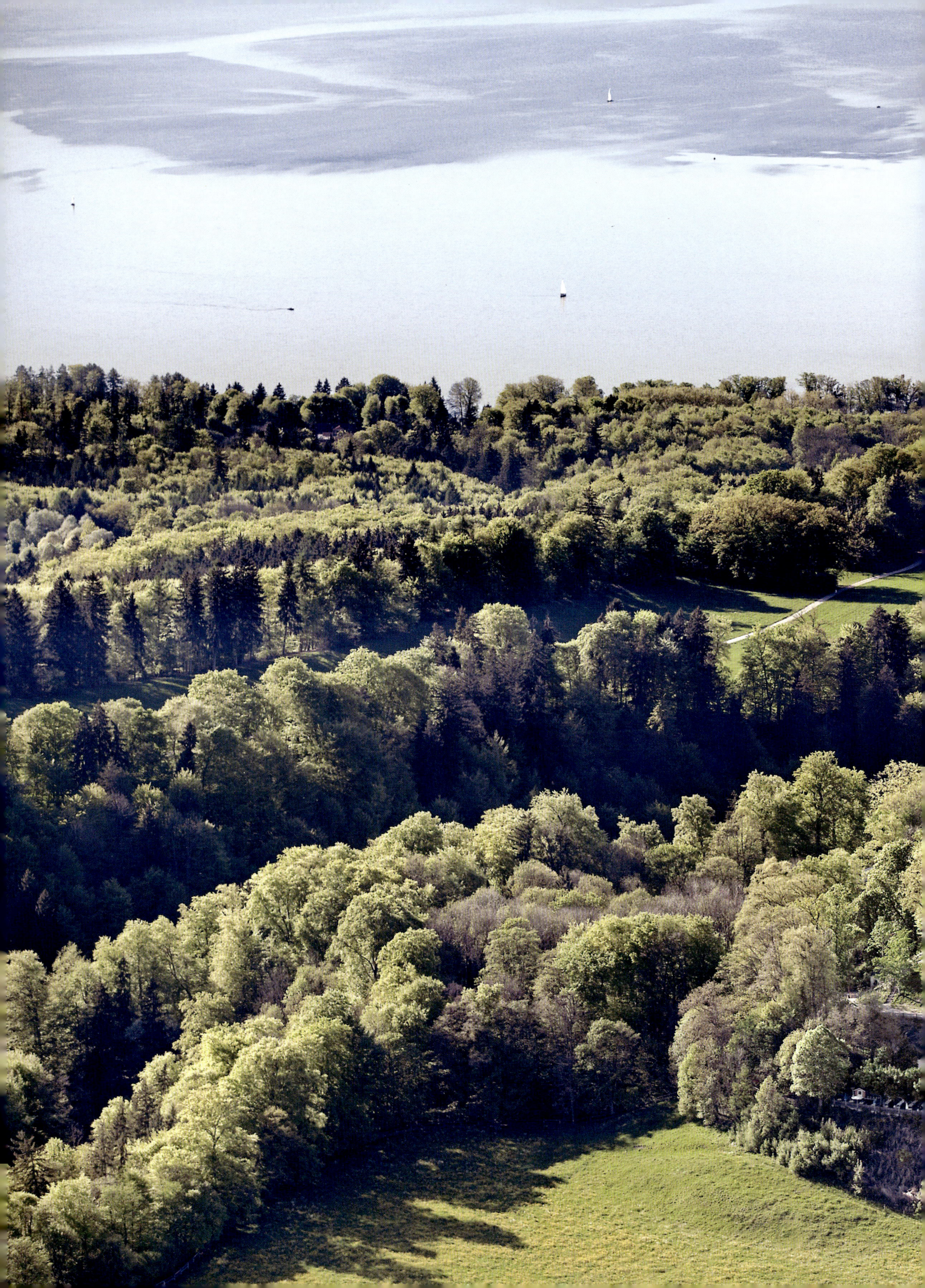

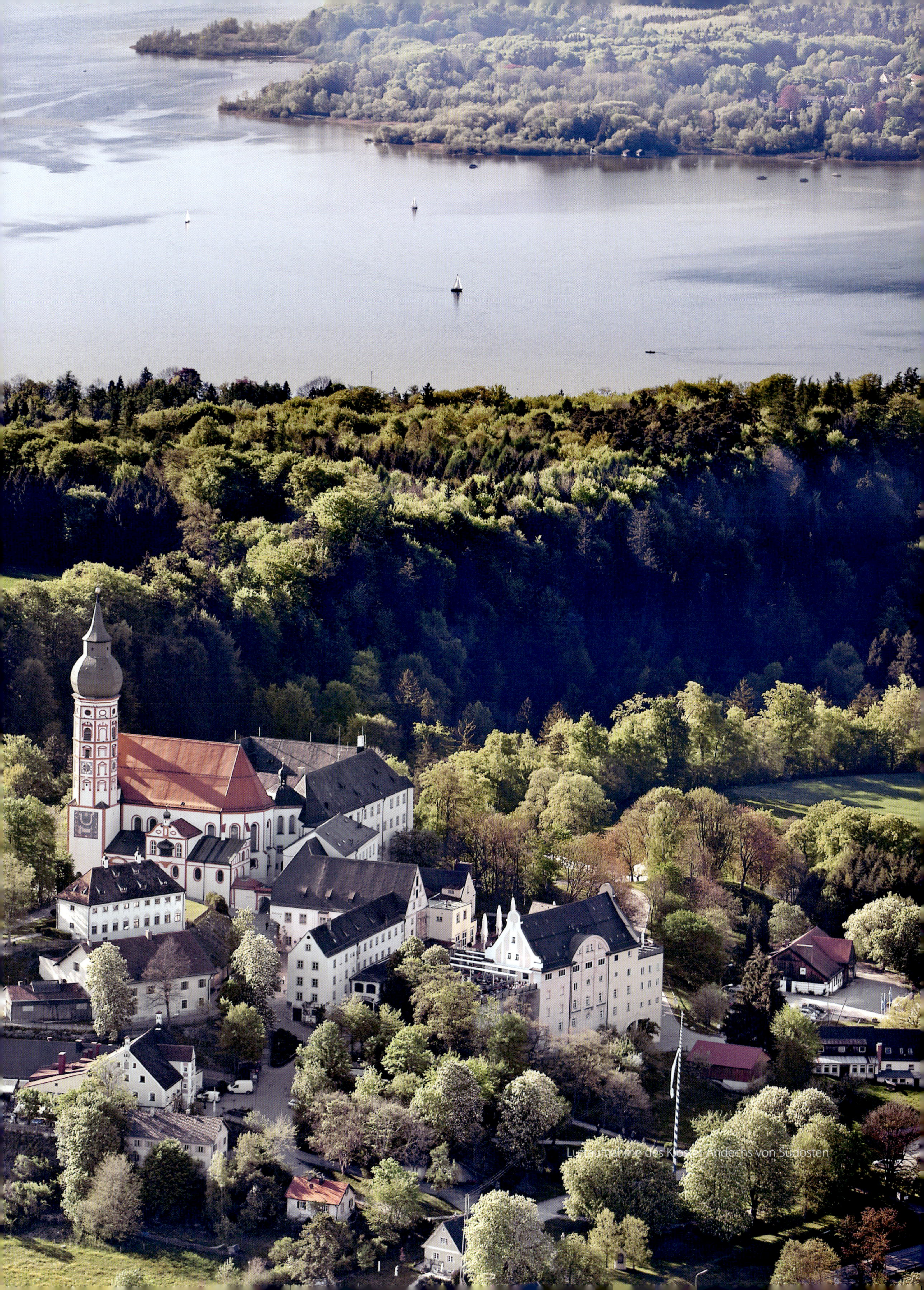

Luftaufnahme des Kloster Andechs von Südosten

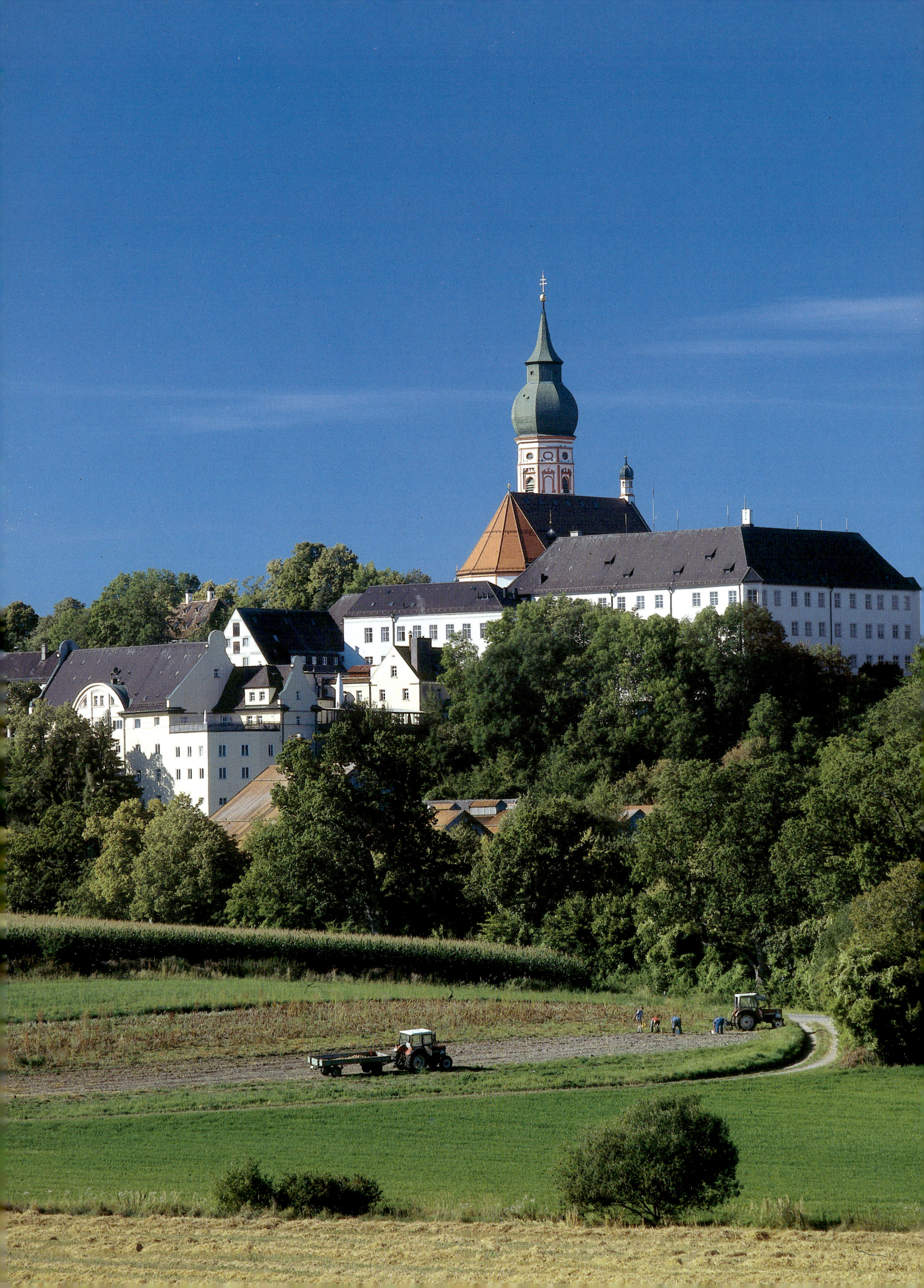

Vorwort

Ein ganz persönliches Geleitwort

Bereits als Kind war ich das erste Mal auf dem Heiligen Berg, lange bevor ich um seine Geschichte wusste und lange auch ehe ich die kleinste Ahnung vom benediktinischen Mönchtum hatte. Ich wusste aber schon, dass zu Füßen von Andechs einer der großen bayerischen Seen liegt, in den die Ammer fließt, die aus meiner unmittelbaren Heimat kommt, und dass man von Andechs aus zumal bei Föhn einen unvergleichbaren Blick auf die langgestreckte Bergkette der Alpen hat. Vor allem aber wusste ich, dass es dort in Andechs eine schöne Kirche gibt und dass viele Menschen diese Kirche besuchen. Dass in Andechs der heilige Nikolaus und die heilige Elisabeth verehrt werden, wusste ich genauso wenig, wie dass dort ein so kostbarer Heiltumsschatz aufbewahrt wird. Ich wusste nur, dass die vielen Menschen diese prachtvolle Kirche besuchen, weil sie da zur Muttergottes beten. Wenn Menschen besondere Kirchen besuchten, dann konnte ich mir als Kind ohnehin nur vorstellen, dass sie wegen der Muttergottes kommen. Das war für mich selbstverständlich, genauso selbstverständlich wie die Tatsache, dass Gotteshäuser schön sein müssen. Keine Frage war für mich übrigens auch, dass sich in der unmittelbaren Nachbarschaft einer Kirche eine Gaststätte befindet. Auf Andechs traf das alles zu: Eine schöne Kirche, in dieser die Muttergottes und nicht weit davon eine belebte Gaststätte. Das waren in meiner Vorstellung Gründe genug, den Berg, auf dem all dies sich vereinte, für einen besonderen Berg zu halten.

Späte aber lernte ich mehr kennen. Ich erfuhr von der langen Geschichte des heiligen Berges, davon, dass hier die Burg eines der bedeutendsten europäischen Adelsgeschlechter stand, dass diese Burg erst im Spätmittelalter zum Kloster wurde, dass dort seit Jahrhunderten in einer eigenen Kapelle, die gleich dem Berg auch „heilig" genannt wird, die Drei Heiligen Hostien, ein Zweig aus der Dornenkrone Jesu, das Brautkleid der heiligen Elisabeth und viele andere Reliquien aufbewahrt werden. Im Laufe der Jahre aber begann ich auch, mir skeptische Fragen zu stellen, ob die Verehrung Mariens und der Reliquien denn nicht von Christus wegführten, ob Wallfahrten denn nicht nur etwas Äußerliches seien, ob eine Kirche in so festlichem Rokokogewand überhaupt noch zeitgemäß und ob ein Wirtshaus als Nachbarschaft für eine Kirche nicht ganz und gar unpassend sei. Ich bin diesen Fragen nicht ausgewichen und ich bin immer wieder auf den Heiligen Berg gekommen als Interessierter an der Kunst und an der Geschichte, als Wallfahrer alleine oder gemeinsam mit anderen und seit vielen Jahren nun auch zu den benediktinischen Mitbrüdern. Und ich habe mehr und mehr begriffen, dass Andechs zu recht Heiliger Berg heißt. Derjenige, der auf dieser Anhöhe die gewaltige Schönheit der Alpenkette vor sich liegen sieht, darf etwas von der Größe des Schöpfers und der, der in dem festlichen Gotteshaus verweilt, einen Vorgeschmack des Himmels erahnen. Der, der seine Sorgen und Nöte auf den Berg hinaufträgt und mit der Gottesmutter als Fürsprecherin dies alles dem Herrn selber hinhält, der darf erfahren, dass sie zu Recht Trost der Betrübten und Hilfe der Christen heißt. Und wer länger bleibt und wer wieder kommt, der wird den Segen erfahren, der das Andechser Gotteshaus seit Jahrhunderten erfüllt vom Gebet der ungezählten Wallfahrer und vom Lobpreis der Mönche, die Tag für Tag hier ihren heiligen Dienst tun, auch wenn in Wintermonaten nur wenige Besucher auf den Berg kommen.

Den reichbebilderten neuen Band über Bayerns Heiligen Berg begleitet der Wunsch, dass das Herz derer, die nach Andechs kommen und die ihren Besuch in diesem Buch nachklingen lassen, zur Ruhe kommen dürfen und dass sie die Spuren dessen erahnen, der es gut meint mit uns Menschen und der seine Mutter uns zur Mutter gegeben hat.

+ Barnabas Bögle OSB
Abt der Benediktinerabtei Ettal
Abtpräses der Bayerischen Benediktinerkongregation

Kloster Andechs von Nordosten

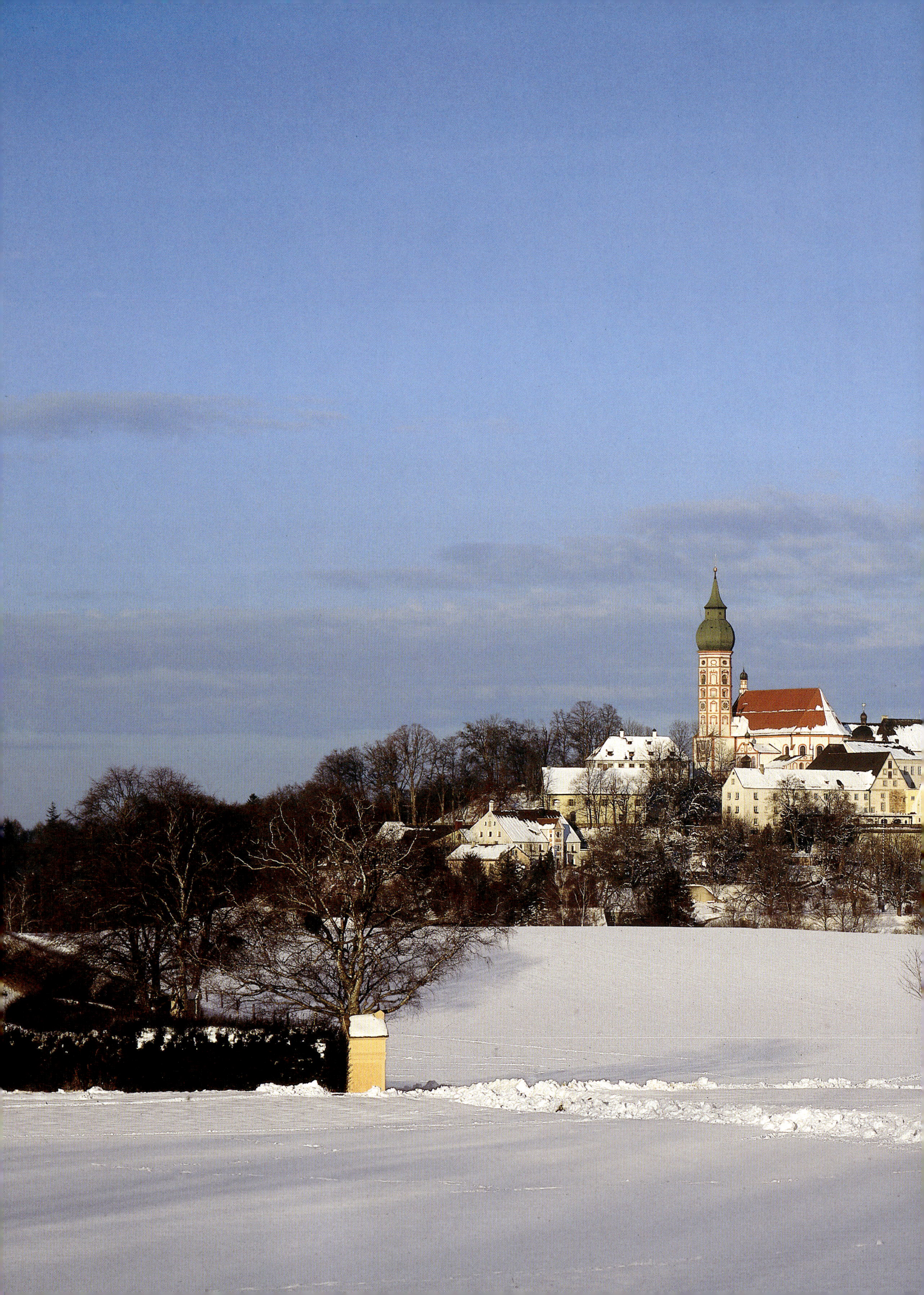

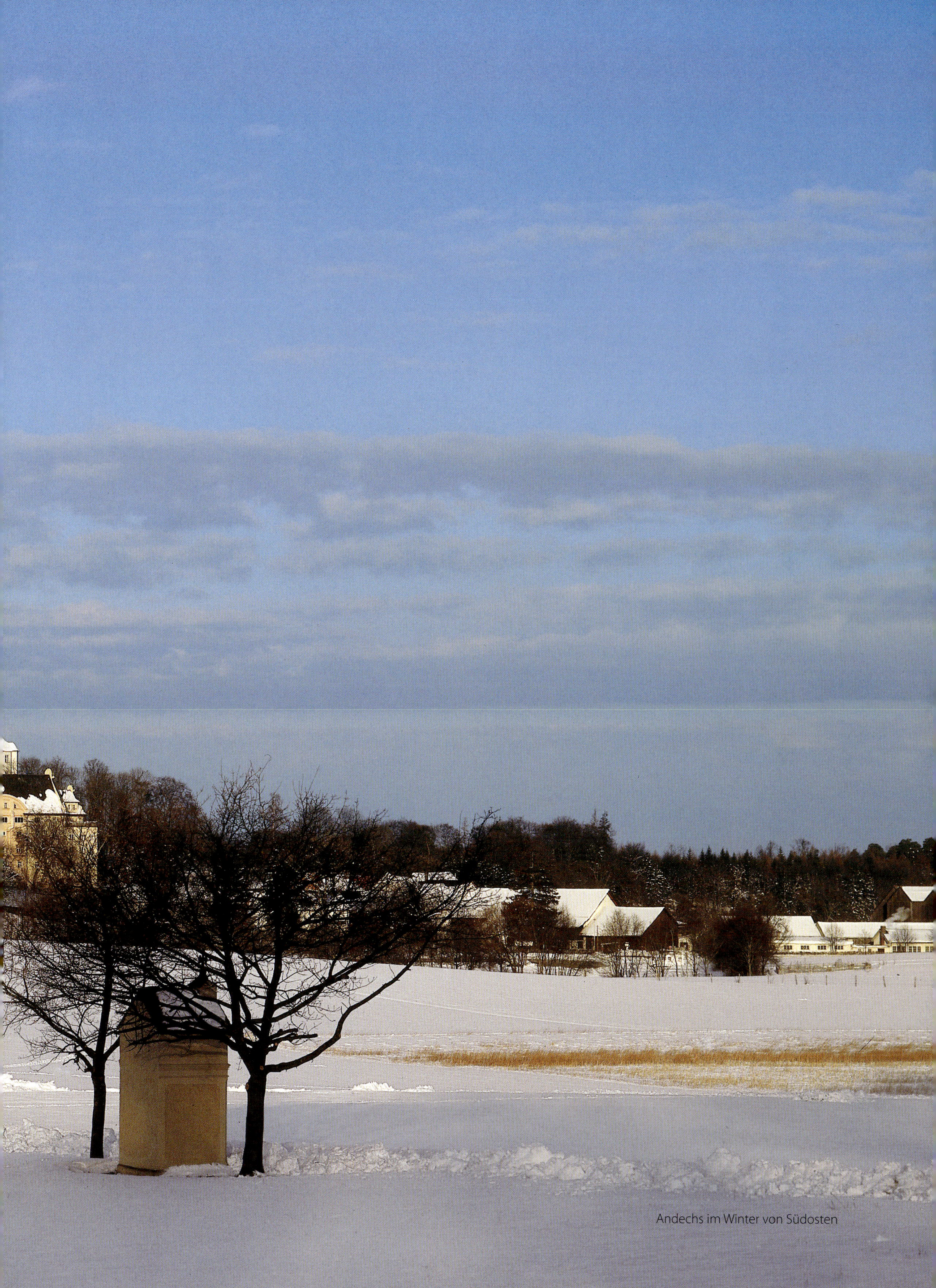

Andechs im Winter von Südosten

Andechs und seine Geschichte

Die Andechs-Meranier

Die Geschichte von Andechs beginnt lange vor der Gründung des Benediktinerklosters im Jahre 1455. Die Bezeichnung „Heiliger Berg“, die vom Vater des Klostergründers Albrecht III., Herzog Ernst, stammt, erklärt sich aus dem Reliquienschatz, der hier verwahrt wird und dessen Anfänge ins 10. Jahrhundert zurückreichen. Bis in die Mitte des 13. Jahrhunderts befand sich an der Stelle des heutigen Klosters der Sitz der Grafen von Andechs.

Die Stammgüter dieses Geschlechts lagen seit Mitte des 11. Jahrhunderts im Tiroler Inntal und am Ammer- und Starnberger See und wurden im Laufe des 12. Jahrhunderts im Bereich des heutigen Oberfranken, im Ober- und Niederbayerischen und bis hinunter nach Krain und Kärnten erweitert. Durch den oberfränkischen Besitz wurden mehrere Andechser Bischöfe von Bamberg; durch einen von ihnen, Otto II., kamen wohl um 1177 die Drei Heiligen Hostien nach Andechs – als Geschenk für seinen Bruder Graf Berthold III., den Kaiser Friedrich Barbarossa vier Jahre zuvor mit der Verleihung der Markgrafschaft Istrien in den Reichsfürstenstand erhoben hatte. Dessen Sohn Berthold IV. († 1204) erhielt vom Kaiser 1180 den Ehrentitel eines Herzogs von Meranien, Dalmatien und Kroatien – aus den Grafen von Andechs wurden die Andechs-Meranier.

Im Zusammenhang mit der Ermordung König Philipps von Schwaben 1208 in Bamberg wurden die Andechs-Meranier der Mitwisserschaft bezichtigt, sie fielen in Acht und Bann, ihre Reichslehen wurden eingezogen. Trotz Rehabilitierung gingen in den folgenden Jahren alle südbayerischen Besitzungen an die aufstrebenden Wittelsbacher verloren, die 1246 auch die Burg Andechs zerstörten. 1248 starb der letzte Graf ohne Nachkommen.

Andechs als Benediktinerkloster

Der schon damals berühmte Reliquienschatz blieb für mehr als hundert Jahre verschollen. 1388 soll eine Maus während einer Messe in der ehemaligen Burgkapelle einen Reliquienzettel ans Tageslicht gezerrt haben, so dass am 26. Mai 1388 in Anwesenheit der Wittelsbacher Herzöge Stephan III. und Friedrich unter dem Altar gegraben wurde. Zum Vorschein kam eine Kiste, in der sich – eingehüllt in das Brautkleid der heiligen Elisabeth – wesentliche Teile des Heiligen Schatzes befunden haben sollen, u. a. die Drei Heiligen Hostien und das so genannte Siegeskreuz Karls des Großen, das der Legende nach in den Besitz des seligen Rasso als dem legendären Ahnherrn des Andechser Geschlechts gekommen war. Der Abt von Ebersberg, dessen Kloster die Pfarrei St. Vitus in Erling, zu der Andechs gehörte, inkorporiert war, beanspruchte die Reliquien für sich. Doch bereits Ende des Jahres 1389 wurden sie nach München in die herzogliche Kapelle St. Lorenz im Alten Hof gebracht, teilweise in neue Reliquiare gesetzt und während des Heiligen Jahres 1392, das zum ersten Mal außerhalb Roms gefeiert wurde, zur Verehrung ausgestellt. Die Bestimmung der damals gesammelten Opfergelder verweist bereits auf die Errichtung eines Klosters auf dem Andechser Berg sowie auf eine Rückführung der Reliquien dorthin. Außerdem beginnt mit dem Jahr 1394 eine Reihe von Stiftungen, die auf denselben Zweck hindeuten.

Unter der Aufsicht von Augustiner-Chorherren aus Dießen, die seit etwa 1416 in Andechs wirkten, wurde die heute noch bestehende Kirche erbaut. Bauherr war Herzog Ernst (1392–1438), auf den auch der Name „Heiliger Berg“ zurückgeht. 1438 ließ er ein Kollegiatstift für sechs Kanoniker und einen Propst errichten (Gemeinschaft von Weltpriestern), was sich jedoch nicht bewähren sollte. Sein Sohn Albrecht III. (1438–1460), in erster Ehe mit Agnes Bernauer verheiratet, erbat daraufhin nach eingehender Beratung mit dem päpstlichen Legaten Kardinal Nikolaus von Kues vom Melker Reformkloster Tegernsee Mönche zur Betreuung der Andechser Wallfahrt. Die förmliche Stiftung des Klosters durch den Landesherrn erfolgte am 17. März 1455, am 23. April zogen die ersten Tegernseer Benediktiner in Andechs ein. Drei Jahre später, am 10. April 1458, stellte Herzog Albrecht III. den Stiftsbrief für seine Gründung aus, in dem die reiche Grundausstattung des Klosters festgeschrieben wurde. Der Besitz lag in der näheren und weiteren Umgebung und umfasste neben grundherrschaftlichen Rechten u. a. einen vierzehntägigen Wochenmarkt in Erling. Als geistliche Aufgaben der Gemeinschaft werden Gottesdienst, Pflege und Verwahrung des Heiltums, Gebetsgedächtnis und ewiger Jahrtag für die Stifter sowie die kirchliche Verwendung der Wallfahrtsgaben genannt. Im selben Jahr wurde das Priorat zur Abtei erhoben und erhielt mit Eberhard Stöcklin (1458–1462) seinen ersten Abt. Albrecht III. bestimmte das Kloster außerdem zu seiner Grablege.

Blüte und Niedergang

In einer ersten Blütezeit, die durch weitere Schenkungen und zahlreiche Baumaßnahmen gekennzeichnet ist, wählten die Andechser Mönche 1492 den ersten Abt aus ihren eigenen Reihen, Johann von Schrattenbach, der bis 1521 an der Spitze des Klosters stand. 1494 ließ er den teilweise noch erhaltenen Heiltumsaltar malen. Außerdem kam in diesen Jahren das so genannte Grufthaus in München an das Kloster, so dass Andechs nun wie viele andere Klöster bis zur Säkularisation 1803 in München ein Stadthaus besaß.

Die von der Melk-Tegernseer Reform ausgehenden Impulse wirkten sich zwar positiv auf das religiöse Leben, das literarisch-wissenschaftliche Schaffen und die Verwaltung des Klosterbesitzes aus, dennoch wurde Andechs in den Zwanziger Jahren des 16. Jahrhunderts in den – auch im Zusammenhang mit der Reformation – zeitbedingten Niedergang des kirchlichen Lebens hineingezogen: Die Zahl der Pilger ging zurück – Ursachen dafür waren die allgemeine Kritik am Wallfahrtswesen, aber auch die Unruhen im Zusammenhang mit dem oberdeutschen Bauernkrieg, die klösterliche Disziplin ließ nach, die wirtschaftlichen Verhältnisse wurden zunehmend schwieriger. Der Heilige Schatz wurde mehrmals nach München in Sicherheit gebracht. Der Personalstand im Kloster ging zurück, zeitweise stand nur ein Administrator an der Spitze der Gemeinschaft. Unter starker herzoglicher Einflussnahme versuchten zwischen 1540 und 1588 vier Administratoren und fünf Äbte, alle aus anderen Benediktinerklöstern und zwei aus dem Augustiner-Chorherren-Stift Polling, die Situation zu verbessern – letztlich ohne Erfolg. Erst mit Abt David Aichler (1588–1596) aus Ottobeuren änderte sich die Lage grundlegend. Er festigte das klösterliche Leben und brachte 1595 eine Andechser Chronik heraus. Auch die Kirche bekam manchen neuen Ausstattungsgegenstand.

Sogar weiterer Grundbesitz konnte hinzuerworben werden.

In den Jahren 1591 bis 1594 entstand an der Südseite der Kirche über der Sakristei als Stiftung des Freiherrn Ferdinand von Vöhlin die so genannte Vöhlinsche Kapelle, eine Marienkapelle, die seit 1967 der heiligen Hedwig geweiht ist. Zu dieser Kapelle gehört ein Erker, der auf den großen Vorplatz zeigt, der 1593 eingeebnet worden war und mit seiner Bezeichnung als Fronhof, als Herrenhof, auf die Bedeutung der Herrenreliquien verweist, die den Pilgern von diesem Erker aus an bestimmten Festtagen nach einem streng geregelten Ablauf zur Verehrung vorgezeigt wurden.

Das 17. Jahrhundert: Renaissance-Ausstattung, Dreißigjähriger Krieg und Brand

Mit dem Jahr 1600 und der Wahl von Abt Johann Chrysostomus Huttler (1600–1610) beginnt für Andechs ein neuer Aufschwung, der sich unter Huttlers Nachfolger Michael Einslin (1610–1640) fortsetzen konnte. Ab 1607 wurde die Kirche Schritt für Schritt dem neuen Zeitgeschmack der Renaissance angepasst. 1608 wurde die erste Orgel aufgestellt, 1610 entstand ein neuer Gnadenaltar durch den Weilheimer Bildhauer Hans Degler. Unmittelbar vor dem Dreißigjährigen Krieg wurde der Kirchenraum neu eingewölbt und stuckiert, zwei neue Orgeln an der südlichen und nördlichen Langhauswand eingebaut. 1631 besaß die Kirche sieben Kapellen, 13 Altäre, zwei Orgeln – was auf mehrchöriges Musizieren hinweist – und sechs Glocken.

In dieser Zeit kamen jährlich etwa 100.000 Pilger nach Andechs, der Heilige Berg war wieder Mittelpunkt des kirchlichen Lebens in Bayern. 1630 wurde eine Dreihostien-Bruderschaft gegründet und auch der Hochadel stellte sich wieder ein. Unter Abt Einslin fand auch das wissenschaftliche Leben zu einer neuen Blüte. Er gehörte zu den Befürwortern der 1623 gegründeten Benediktineruniversität in Salzburg, der er zahlreiche seiner fähigsten Mitbrüder als Professoren überließ. Unter ihm beteiligte sich das Kloster auch aktiv an der Rekatholisierung der Oberpfalz, indem für die Wiederbesiedelung von Speinshart drei Andechser Konventualen abgestellt wurden, die dieses bis zur Übernahme durch die Prämonstratenser von Steingaden 1669 halten konnten.

Umso schlimmer waren die Auswirkungen des Dreißigjährigen Krieges, der seine Schatten in den vom Landesherrn Maximilian I. geforderten hohen Abgaben voraus warf und Bayern ab 1632 auch als Kriegsschauplatz heimsuchte. Einquartierungen, Plünderungen, die Pest, Flucht und Vertreibung, Mäuse-, Wildschwein- und Wolfsplagen prägten die kommenden Jahre, die Abt Maurus Friesenegger (1640–1655) in seinem berühmten Tagebuch schildert.

Mit dem Ende des Krieges erholte sich das Kloster jedoch rasch, bis am 3. Mai 1669 der Blitz in die Turmspitze einschlug und Kirche und Kloster bis auf die Heilige Kapelle und den Gasttrakt in Schutt und Asche legte. Unter Abt Maurus Rambeck (1666–1686) erhielt der Klosterkomplex in den folgenden Jahren im Wesentlichen sein heutiges Aussehen. Noch 1669 wurde die Kirche neu eingedeckt, 1671 konnte auch das Kloster wieder bezogen werden. 1674/75 wurde der Kirchturm durch den Münchener Hofbaumeister Marx Schinnagl neu errichtet. In seinem Kern ist er noch spätgotisch – zunächst viereckig, dann achteckig mit barocker Turmzwiebel. Fünf neue Glocken wurden aufgezogen, von denen heute nur noch eine, die Wetter- und Totenglocke von 1669, ihren Dienst tut. Ein neues Chorgestühl folgte, sieben Altäre wurden geweiht und 1679 entstand der obere Hochaltar. Trotz dieser großen finanziellen Aufwendungen gelang es dem Kloster, wirtschaftlich handlungsfähig zu bleiben und sogar noch Grundbesitz hinzu zu erwerben: Schloss und Hofmark Pähl, das Gut Fußberg oder Weinberge bei Bozen in Südtirol.

In der Zeit von Abt Maurus Rambeck kamen auch die Verhandlungen zur Gründung der Bayerischen Benediktinerkongregation 1683/84 zum Abschluss. In der langwierigen Vorgeschichte hatte bereits sein Vorgänger Michael Einslin zu den besonderen Verfechtern dieser Idee gehört und war deshalb 1631 vom Augsburger Diözesanbischof vorübergehend in Haft gesetzt und seines Amtes enthoben worden. Durch das Eingreifen Maximilians I. kam er wieder frei, und nur der Dreißigjährige Krieg verhinderte ein weiteres, nun gemeinsames Vorgehen von Landesherr und Orden, denn die Gründung einer Kongregation lag sehr wohl im Interesse des Herrscherhauses, weil sich damit deckungsgleiche staatliche und kirchliche Verwaltungsstrukturen schaffen ließen.

Im Zusammenhang mit dem Spanischen Erbfolgekrieg (1701–1714) und dem Österreichischen Erbfolgekrieg (1740–1748) wurde das Kloster von Kontributionen, aber auch von kriegerischen Handlungen betroffen. Nach dem Aufstand der Oberländer Bauern gegen die österreichischen Besatzer 1705/06 gewährte es dem kurfürstlichen Geheimsekretär Ulrich von Heckenstaller als einem der führenden Köpfe der Erhebung sowohl im Stadthaus des Klosters in München als auch auf dem Heiligen Berg Unterschlupf. Die Wallfahrt der Auer Zimmerleute für ihre gefallenen Kameraden führt seit dem Bennotag 1707 nach Andechs.

Das 300-jährige Gründungsjubiläum

Ihr heutiges Aussehen erhielt die Klosterkirche im Zusammenhang mit der Feier des 300-jährigen Gründungsjubiläums 1755. Von 1751 bis 1755 wurden unter Abt Bernhard Schütz (1746–1759) zunächst durch den Münchener Maurermeister Lorenz Sappel der Mönchschor abgerissen sowie das östliche Freipfeilerpaar entfernt und ein Flachkuppelgewölbe eingezogen. Dann überzog der Wessobrunner Johann Baptist Zimmermann die spätgotische Halle mit Stuck und Fresken, auch die Seitenkapellen wurden umgestaltet. Der Weilheimer Bildhauer Franz Xaver Schmädl schuf den neuen Gnadenaltar. Zusammen mit dem Münchener Hofbildhauer Johann Baptist Straub, von dem die vier Seitenaltäre stammen, versah er den Hochaltar mit plastischen Bildwerken. Das Jubiläum wurde mit einer Festwoche Ende September 1755 begangen, die mit der Überführung des Reliquienschreins der heiligen Paulina auf den oberen Hochaltar begonnen hatte. Ihre Gebeine waren zuvor von den Benediktinerinnen auf dem Lilienberg in der Au in München gefasst worden.

Die Schirmherrschaft über das Jubiläum hatte Kurfürst Max III. Joseph übernommen, der den Heiligen Berg damals auch persönlich besuchte und beschenkte.

Weitere Baumaßnahmen, auch außerhalb der Kirche, zogen sich noch etliche Jahre hin. Auch der letzte Abt Gregor Rauch, der ab 1791 regierte, war um die Erhaltung und Ausschmückung von Kirche und Kloster bemüht.

Das 18. Jahrhundert ist in der Geschichte des Klosters auch durch eine reiche musikalische Tradition geprägt. Zu den als Komponisten tätigen Mönchen gehören Pater Kajetan Kolberer (1658–1731), Pater Gregor Schreyer (1719–1767), der zum Klosterjubiläum 1755 u. a. acht Messen komponierte, Pater Nonnosus Madlseder (1730–1797) und der universal gebildete Pater Placidus Scharl (1731–1814), der als Professor in Salzburg mit der Familie Mozart in Kontakt war und sich in seinem vielbändigen Tagebuch als genauer Beobachter seiner Zeit bis zur Säkularisation 1803 erweist. Seit 1774 war er Historiograph der Bayerischen Benediktinerkongregation und später auch Mitglied der Bayerischen Akademie der Wissenschaften. Letzter Andechser Musikdirektor war Pater Benedikt Holzinger (1747–1815), zu dessen Schülern der Münchener Organist und Komponist Kaspar Ett (1788–1847) gehörte, den das Fresko über der Andechser Orgel zu einer Komposition über die neun Engelschöre anregen sollte.

Die Säkularisation 1803

Abt Gregor Rauch musste schließlich die Aufhebung seines Klosters erleben. Als Folge von Aufklärung und den Kriegen mit dem revolutionären Frankreich wurden am 17. März 1803 alle Klöster in Bayern per Reichsgesetz aufgelöst, das Inventar versteigert, die Gebäude verkauft, die Mönche vertrieben. In Andechs durften die Konventualen zunächst noch im Kloster wohnen bleiben, die Gemeinschaft fiel jedoch bald auseinander, weil ihnen jedes monastische Leben untersagt war. Besonders die jüngeren Mönche suchten sich neue Aufgaben in der weltlichen Seelsorge oder in der Schule.

Von der Aufhebung bis zur Wiederbesiedelung

Mit der Aufhebung des klösterlichen Lebens begannen für den Heiligen Berg wechselvolle Jahrzehnte. Die Wallfahrt durfte allein aufgrund ihrer enormen Bedeutung als wirtschaftlicher Faktor weiter bestehen. Am Ende der Wallfahrtszeit für das Jahr 1803 konnte der Staat aus Opferstockgeldern, Spenden und aus dem Verkauf von Kerzen und anderen Devotionalien einen Reingewinn von 950 Gulden erzielen – ohne den Umsatz aus Brauerei und Wirtshaus. 1805 legte man die Versteigerung der restlichen Klostereinrichtung in die Himmelfahrtswoche, den Höhepunkt der alljährlichen Wallfahrt, um diese „desto eher an den Mann zu bringen". Die vielen Wallfahrer und die zahlreichen Besucher das Jahr über erforderten außerdem die Anwesenheit von mehreren Geistlichen, Grund für den Verbleib von Andechser Mönchen. War die Wallfahrt im 18. Jahrhundert unter dem aufklärerischen Aspekt der mangelnden Nützlichkeit andernorts reduziert bzw. ganz verboten worden, konnte sie in Andechs ihre Kontinuität bis in die Gegenwart bewahren – im Auf und Ab zwischen Zeiten des Abflauens und denen neuer Blüte. Die Reliquienweisung trat dabei zugunsten der Verehrung der Gottesmutter zurück. Nach dem Zweiten Weltkrieg kam zudem die Gestalt der heiligen Hedwig hinzu. Für die vielen Heimatvertriebenen vor allem aus Schlesien war Andechs als Geburtsort der Heiligen ein besonderer Bezugspunkt zur alten Heimat, zumal sich hier seit 1929 auch eine Schädelreliquie Hedwigs befindet, Geschenk des damaligen Kardinals Bertram von Breslau. Besondere Höhepunkte im Verlauf des 20. Jahrhunderts waren 1907 die Feiern zum 700. Geburtstag der heiligen Elisabeth, 1931 der 700. Todestag der Heiligen und 1967 die Festlichkeiten zur 700-jährigen Wiederkehr der Heiligsprechung Hedwigs von Schlesien. 1993 fand zum 750. Todestag der Heiligen die bayerische Landesausstellung „Herzöge und Heilige. Das Geschlecht der Andechs-Meranier im europäischen Hochmittelalter" in Andechs statt. Die klösterlichen Jubiläen wie etwa das Jahr 1955 wurden im 20. Jahrhundert dagegen nicht bedacht.

Mit Ausnahme der kleinen Elisabeth-Kirche gegenüber der Klosterkirche und der Kirche der Dreihostienbruderschaft wurden im Klosterbereich unmittelbar nach der Aufhebung keine größeren Gebäude abgerissen, sie änderten vielfach lediglich die Nutzung. Die Apotheke blieb noch bis 1812 auf dem Heiligen Berg. Der frühere Klosterapotheker Pater Heinrich Breitenacher führte sie weiter, bevor sie 1811 durch königliche Verfügung aufgelöst und das Inventar nach München an das Allgemeine Krankenhaus übergeben wurde.

Von der Aufhebung des Klosters am härtesten betroffen waren die ehemaligen Klosterbediensteten. Vor allem die Alten und Kranken und Alleinstehenden litten Not, denn die staatlichen Pensionen lagen weit unter der klösterlichen Versorgung.

Die Klostergebäude wurden im Juni 1804 zum ersten Mal verkauft und waren bis zum Jahr 1846, als König Ludwig I. das säkularisierte Kloster um 65.000 Gulden als künftiges Wirtschaftsgut für die von ihm geplante und 1850 dann gegründete Benediktinerabtei St. Bonifaz in München erwarb, durch viele Hände gegangen. Die provisorische Verwaltung übernahmen zunächst Mettener Benediktiner. Ihr Abt Gregor Scherr beantragte bei König Ludwig I. die schnellstmögliche Auflösung der Pachtverträge, um Brauerei und Landwirtschaft in eigener Regie und damit rentabler bewirtschaften zu können. Dafür stellte der König noch einmal 11.400 Gulden zur Verfügung. Die Ablösung konnte daraufhin bereits zum 1. Juli 1846 vollzogen werden. Erster Verwalter des königlichen Gutes waren – für wenige Tage im April 1846 – Pater Emmeram Seebauer, Professor am Neuen Gymnasium in München, und nach dem Ende der Osterferien Pater Beda Schwaighart, vom 25. April 1846 bis 16. August 1849 Pater Rupert Mittermüller, der ab Ostern 1847 auch die Pfarrei versorgte, und von 1849 bis 1852 Pater Wolfgang Schicker. Dann übernahmen die Mönche von St. Bonifaz die Bewirtschaftung in eigener Regie, als Ökonom wurde Pater Johannes Klingl eingesetzt, der sein Amt nach Ablauf des Haushaltsjahres 1857/58 an Pater Magnus Sattler übergeben sollte.

Wirtschaftsgut und Seelsorge

Sattler war fortan mit einer kurzen Unterbrechung von 1870 bis 1873, als er das Amt des Priors und Pfarrvikars von St. Bonifaz bekleidete, bis kurz vor seinem Tod im Mai 1901 zuerst Oberer und ab 1873 Prior in Andechs. Umfangreiche Erneuerungen, Instandsetzungen und Sanierungen bestimmten diese mehr als 40 Jahre: Reparaturen an den Gebäuden, neue Stallungen und Scheunen, ein neues Waschhaus und ein neuer Fassstadel, der Umbau des Brauhauses, die Verdoppelung des Viehbestandes und die kontinuierliche Erweiterung des Grundbesitzes u. a. durch den Ankauf von Waldparzellen und Weihern. Der Grundstein für das weitere Wachstum im 20. Jahrhundert wurde gelegt. Ein wesentlicher Faktor der Klosterwirtschaft ist dabei bis heute die Brauerei.

Pater Magnus Sattler erwarb sich aber auch als Pfarrvikar von Erling und Betreuer der Wallfahrtskirche große Verdienste. 1877 gab er in erster Auflage eine „Chronik von Andechs“ heraus. Aus seiner Zeit stammt auch die neugotische Ausstattung der Heiligen Kapelle, die 1994 wieder entfernt wurde, oder die in einiger Entfernung vom Kloster liegende Friedhofskapelle, die seit 1887 vom Friedhof der Mönche umgeben ist. Seit 1980 befindet sich unterhalb des Kirchturms auch die Familienbegräbnisstätte des Hauses Wittelsbach.

Sein Nachfolger im Amt des Priors in Andechs wurde Pater Augustin Engl, der 1924 als Prior nach St. Bonifaz wechselte. In seine Zeit fällt die Errichtung des damals hochmodernen Mälzereigebäudes in Andechs, das 1906/07 in Stahlbetonbauweise errichtet wurde und bis heute die zusätzliche Funktion der Abstützung des steil nach Osten abfallenden Andechser Berges erfüllt. Er gehörte zu den Gründern der Raiffeisenkasse in Erling und war über seine Freundschaft zu Oskar von Miller Gründungsmitglied des Deutschen Museums in München.

Zur wirtschaftlichen Verwaltung gesellte sich von Anfang an auch die Frage nach der seelsorglichen Betreuung der Pfarrei Erling und der Wallfahrt auf den Heiligen Berg, die bis zur Aufhebung des Klosters 1803 ein wesentlicher Bestandteil der Seelsorge der Andechser Benediktiner gewesen war. Am 22. Januar 1847 erklärte sich Abt Gregor Scherr von Metten bereit, seinen bereits als Verwalter in Andechs tätigen Pater Rupert Mittermüller zur provisorischen Übernahme der Pfarrei Erling und zur damit verbundenen Betreuung der Wallfahrt zur Verfügung zu stellen. Ihm und seinem Nachfolger Pater Wolfgang Schicker standen ein Kaplan und verschiedene Aushilfen zur Seite. Am 12. Februar 1851 wurden Pfarrei und Wallfahrt offiziell der Abtei St. Bonifaz in München übertragen. Der erste Verwalter aus den Reihen von St. Bonifaz, Pater Johannes Klingl, wurde damit 1852 auch in der Seelsorge Pater Schickers Nachfolger.

Soziales Wirken

Ein besonderer Schwerpunkt in Andechs war neben der stiftungsgemäßen Funktion als Wirtschaftsgut das soziale Wirken. Auf Ersuchen des Bayerischen Staatsministeriums des Innern und auf persönlichen Wunsch König Maximilians II. gründete Abt Bonifaz Haneberg (1854–1872) 1856 ein „Rettungs- und Erziehungshaus für verwahrloste und gefährdete Jugendliche“, das nach dem Kinderfreund und Kirchenpatron des Klosters den Namen St.-Nikolaus-Anstalt erhielt. Das neue Erziehungsheim übernahm die seit 1853 in der Armenkinderanstalt der Vorstadt Au bei München untergebrachten Buben zwischen neun und 14 Jahren, die der „Katholische Verein zur Erziehung verwahrloster Jugend“ dort betreuen ließ. Weil der Verein um eine gesicherte kirchliche Leitung seiner Anstalt bemüht war, hatte er sich an Abt Haneberg gewandt.

In Andechs gab es neben den Zöglingen des Vereins bald auch die so genannten Stiftszöglinge, die St. Bonifaz selbst aufgenommen hatte, sowie Regierungszöglinge, für die bis 1872 ein staatlicher Zuschuss gewährt wurde. Die Kosten für das Stift waren dennoch beträchtlich, so wurden bereits zu Beginn jährlich rund 5.000 Gulden aufgebracht.

1925 stellte die Nikolausanstalt auf Beschluss von Abt Bonifaz Wöhrmüller (1919–1951) ihre Tätigkeit ein, wohl vor allem aufgrund finanzieller Schwierigkeiten.

Am 1. Januar 1880 war eine zweite Abteilung entstanden – für Knaben von 12 bis 18 Jahren, die straffällig geworden waren und deshalb in eine Besserungs- oder Erziehungsanstalt eingewiesen wurden. Auch in die Abteilung der Großen wurden bald Zöglinge aus Gemeinden und von Privatpersonen aufgenommen. Weitere Anforderungen ergaben sich aus dem Zwangserziehungsgesetz von 1902, erste Gedanken an einen Neubau für die gesamte Anstalt waren die Folge. Abt Gregor Danner (1904–1919) erwarb deshalb 1905 die Schwaige Rothenfeld mit den dazu gehörenden Liegenschaften, die ca. eine halbe Stunde von Andechs entfernt bis zur Säkularisation schon einmal im Besitz des Klosters gewesen war.

1907 begannen dort die Bauarbeiten, bis 1910 entstanden das große Haupthaus mit den Gemeinschaftsräumen und vier kleinere Häuser im so genannten Pavillonsystem. Kleine Wohneinheiten mit zumindest annähernd familiärer Atmosphäre und Betreuung und Ausbildung in kleinen Gruppen waren für damalige Verhältnisse revolutionär. Im Oktober 1910 wurde die Anstalt feierlich eröffnet und die Trennung von der St.-Nikolaus-Anstalt vollzogen.

Auch hier war der laufende Betrieb mit hohen Kosten verbunden. Am 11. Juli 1933 verkaufte Abt Bonifaz Wöhrmüller den gesamten Besitz an die oberdeutsche Provinz der Redemptoristen, die hier eine theologische Hochschule einrichteten. Im Zusammenhang mit den Devisenprozessen im Dritten Reich boten die Redemptoristen Rothenfeld dem Staat als Ersatz für die Zahlung einer hohen Geldstrafe an, zu der sie in einem der Schauprozesse verurteilt worden waren. Heute ist Rothenfeld Außenstelle der Justizvollzugsanstalt Landsberg am Lech.

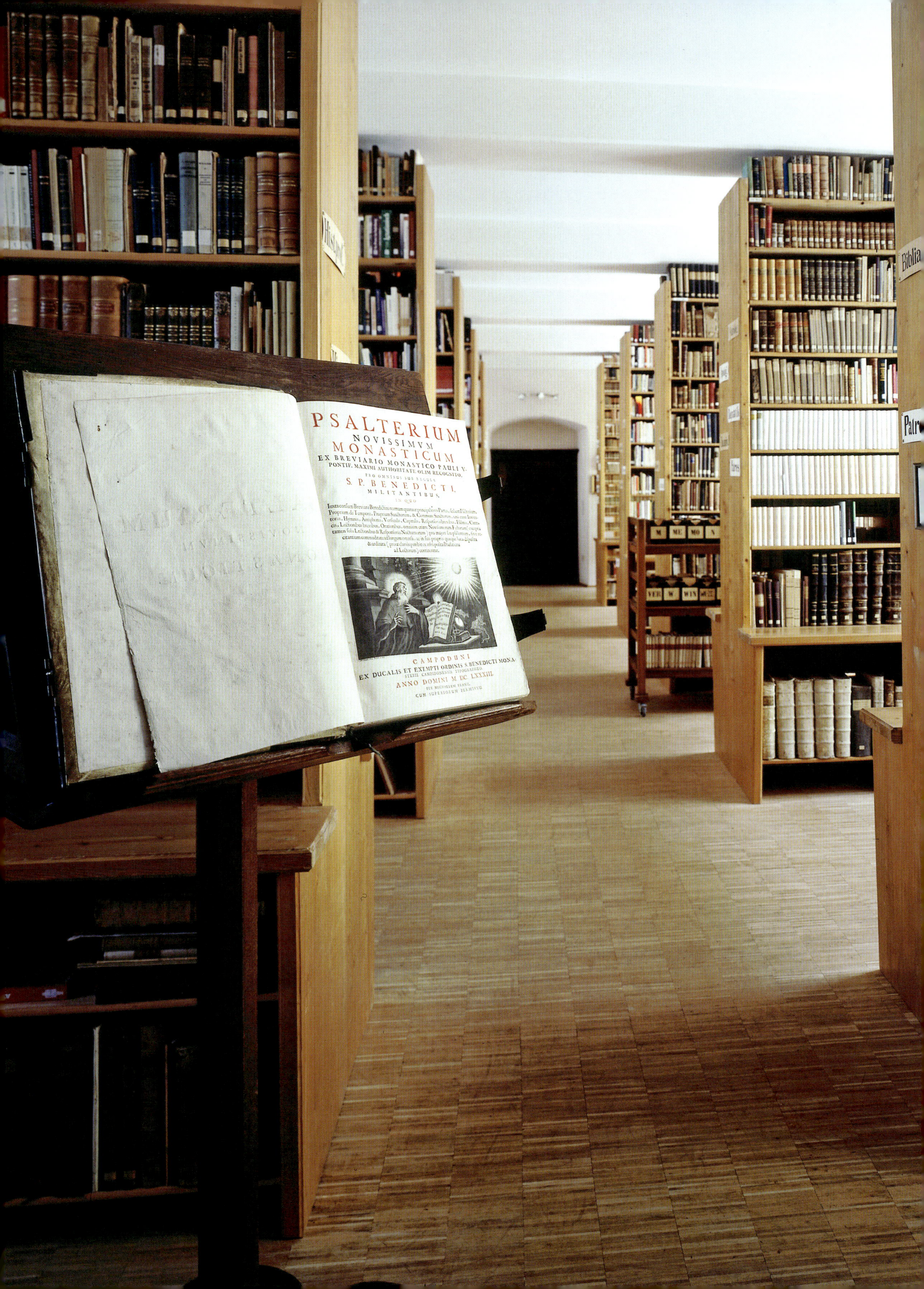
PSALTERIUM
NOVISSIMVM
MONASTICUM
EX BREVIARIO MONASTICO PAULI V.
PONTIF. MAXIMI AUTHORITATE OLIM RECOGNITO,
S. P. BENEDICTI
MILITANTIBUS,
CAMPODUNI
EX DUCALIS ET EXEMPTI ORDINIS S. BENEDICTI MONA-
ANNO DOMINI M. DC. LXXXIII.
Biblia
Patr

Das 20. Jahrhundert

Neben der Aufgabe der St.-Nikolaus-Anstalt und der Gregoriusanstalt waren in der ersten Hälfte des 20. Jahrhunderts vor allem die beiden Weltkriege für die Geschichte von St. Bonifaz und Andechs prägend. Die wirtschaftlich schwierigen Zwanziger Jahre, das Dritte Reich und die unmittelbare Nachkriegszeit lasteten auf Abt Bonifaz Wöhrmüller, der 1919 mit erst 33 Jahren die Nachfolge von Abt Gregor Danner angetreten hatte. Die Wirtschaftsbetriebe des Klosters mussten neu strukturiert werden, Wallfahrt und Seelsorge forderten Kräfte und Aufmerksamkeit. Die Zahl der Mitarbeiter ging gleichzeitig zurück, vor allem die Brüdermönche wurden weniger.

Trotz des Zweiten Weltkrieges wurden in den Jahren 1941 und 1942 Stuck und Fresken der Wallfahrtskirche restauriert, ebenso wie die große Sammlung von Votivkerzen.

Mit der zunehmenden Bedrohung Münchens durch Bombardierungen wurden etwa 25.000 der wertvollsten Bände aus der Stiftsbibliothek von St. Bonifaz nach Andechs ausgelagert und konnten hier in den damals leeren Hallen der Mälzerei der Zerstörung entgehen, der die Abtei und vor allem die Basilika in München in den beiden letzten Kriegsjahren zum Opfer fiel.

Die Nachkriegszeit ist in St. Bonifaz und Andechs im Wesentlichen von zwei Abtsgestalten geprägt worden: Abt Hugo Lang (1951–1964), der sich vor allem als Rundfunkprediger einen Namen weit über das Kloster hinaus gemacht hat, und Abt Odilo Lechner (1964–2003), der die Gemeinschaft in den Jahren nach dem Zweiten Vatikanischen Konzil „mit weitem Herzen" – so sein Wahlspruch – in einen neuen Zeitabschnitt führte und St. Bonifaz und Andechs zu einem Ort der Begegnung der unterschiedlichsten gesellschaftlichen und kirchlichen Gruppen gemacht hat. Abt Johannes Eckert, der 2003 zu seinem Nachfolger gewählt wurde, führt dieses Erbe weiter.

Gegenwart

Wirtschaft und Seelsorge gehen in Andechs weiter Hand in Hand, das soziale Wirken setzt sich heute in der Obdachlosenbetreuung der Abtei St. Bonifaz in München fort. „Höre, mein Sohn (...) und neige das Ohr deines Herzens ..." – diese Worte aus dem Prolog der Benediktsregel beziehen sich nicht nur auf das geistliche Leben der Mönche, sondern auch auf ihre Stellung in Kirche und Gesellschaft. Die Erfordernisse der jeweiligen Zeit erkennen und eine zeitgemäße Antwort geben, das ist heute ebenso wichtig wie 1455 zum Zeitpunkt der Gründung. Dazu kommt seit 1850 die Aufgabe, zwei Häuser miteinander in einem Konvent zu verbinden, so dass etwa der erste Abt Paulus Birker (1850–1854) versuchsweise das Noviziat der Gemeinschaft nach Andechs verlegt hatte. Die Wallfahrtsseelsorge und die Betreuung der Gäste, die Pfarrseelsorge in Erling-Andechs und Machtlfing, die Leitung der Wirtschaftsbetriebe, die Verwaltung des Hauses, der Klosterladen und die Gärtnerei fordern die Gemeinschaft Tag für Tag ebenso wie die Tausende von Menschen, die jedes Jahr nach Andechs kommen: als Gottesdienstbesucher an den Sonn- und Werktagen, als Wallfahrer, als Ausflügler und Touristen von nah und fern, als Besucher der Carl Orff-Festspiele im Sommer, als Teilnehmer an Seminaren und Kursen oder als Freunde von Kloster und klösterlichem Leben. Sie alle wollen Einkehr halten für Leib und Seele. Ihnen gerecht zu werden und dabei die eigene Identität zu bewahren bleibt Aufgabe und Auftrag für die Zukunft.

Seite 22/23:
Kloster Andechs von Nordosten mit dem Massiv der Zugspitze im Hintergrund; links im Bild der Kirchturm von Erling

Blick in die Bibliothek

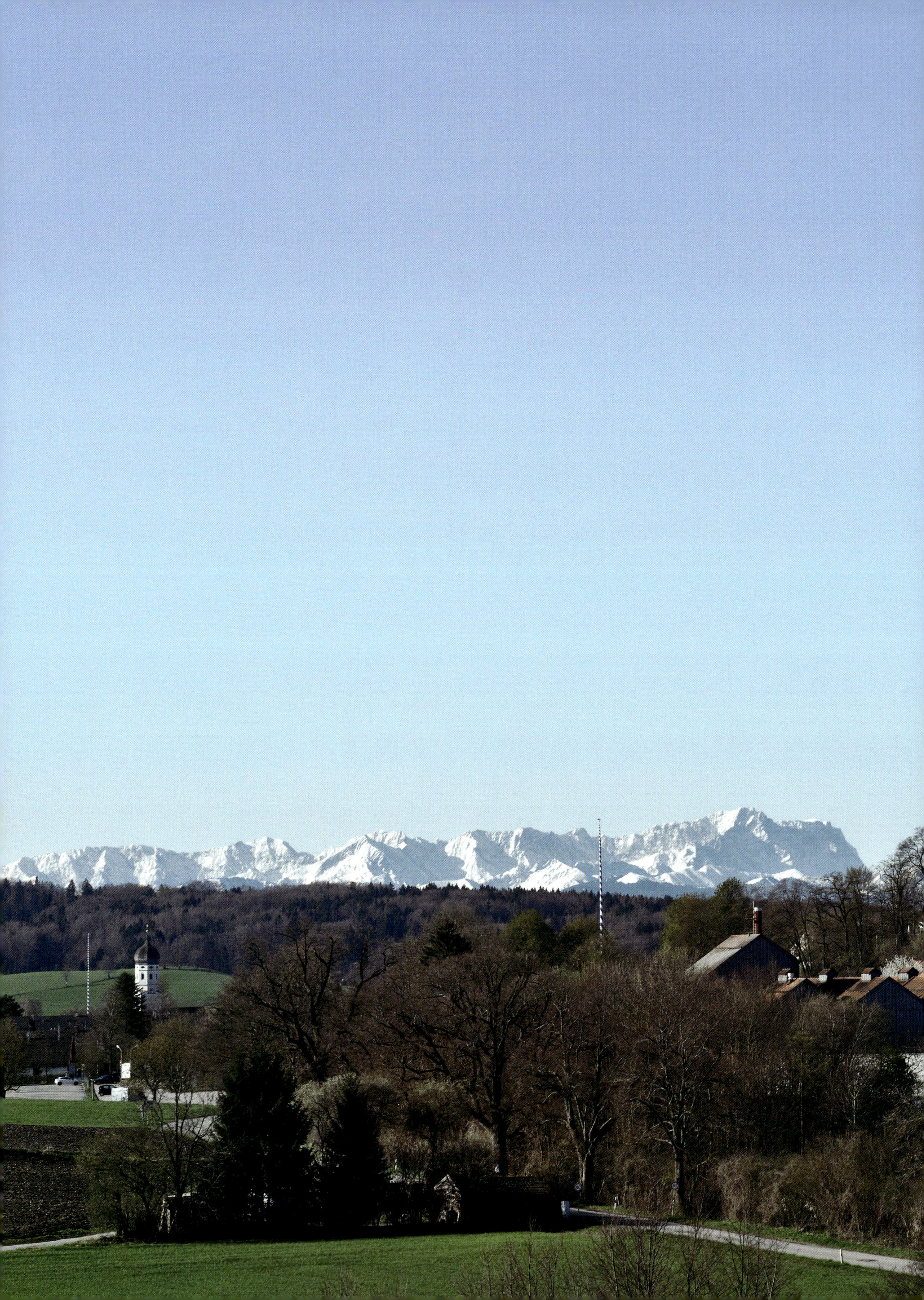

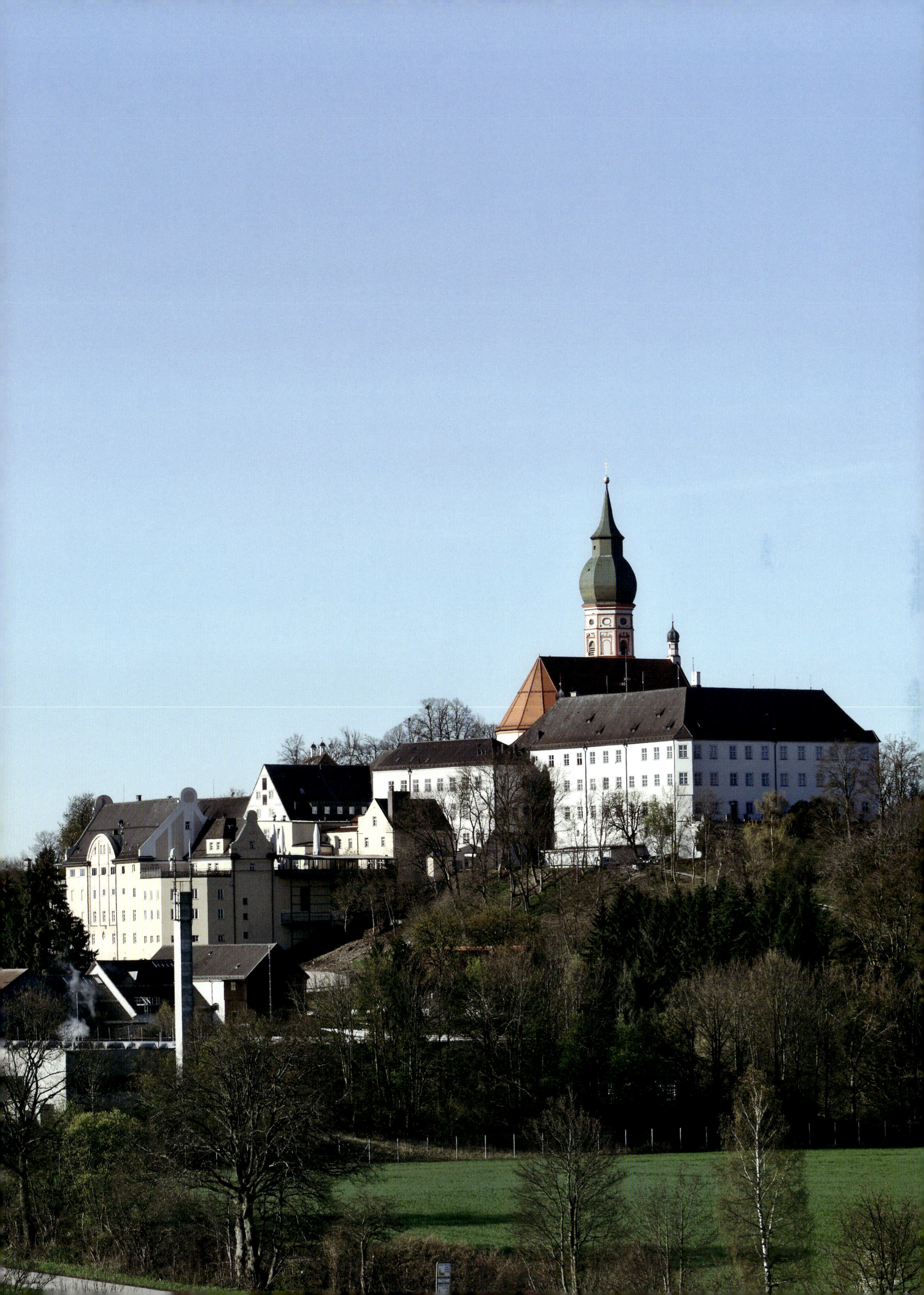

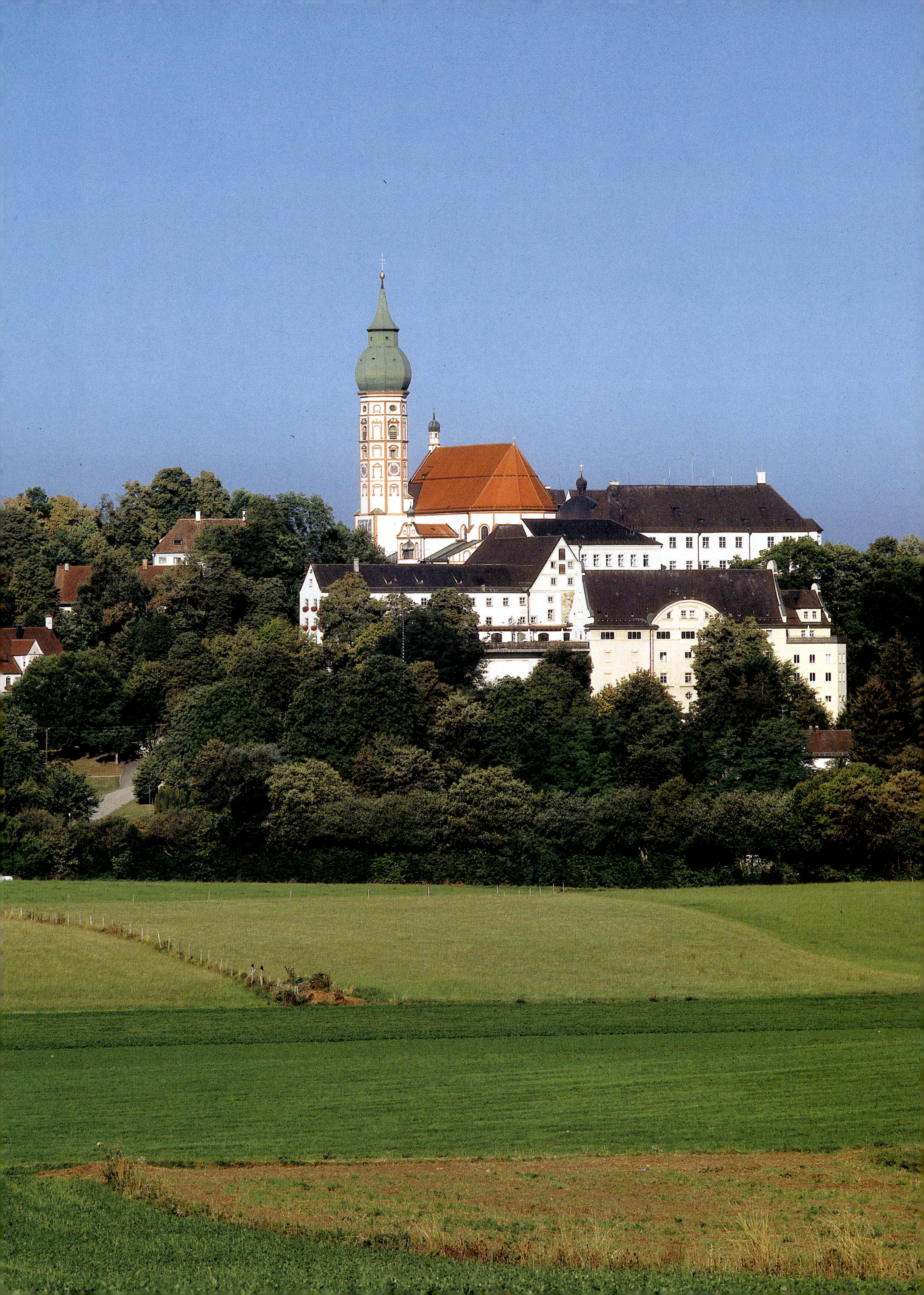

Andechs – Bayerns Heiliger Berg

„Am Ende der Tage wird es geschehen:
Der Berg mit dem Haus des Herrn steht fest gegründet
als höchster der Berge; er überragt alle Hügel.
Zu ihm strömen alle Völker. Viele Nationen machen
sich auf den Weg; sie sagen: Kommt, wir ziehen hinauf
zum Haus des Gottes Jakobs" (Jes 2,2–3).

Andechs – Bayerns heiliger Berg scheint eine Verwirklichung dieser Vision des Propheten Jesajas zu sein, gleichsam eine Vorwegnahme der künftigen Glückseligkeit im Hier und Jetzt, ein Vorgeschmack des Himmels.

Der Berg – Begegnungsort zwischen Himmel und Erde

Hoch über dem Ammersee gelegen ist er mit seiner Wallfahrtskirche weithin zu sehen, deren Turm wie ein Finger in den Himmel zeigt. Zwar ist er im Blick auf die südlich gelegene Alpenkette, die sich vom Wendelstein über die Zugspitze bis zu den Allgäuer Bergen erstreckt, keinesfalls der Höchste der Berge, und doch ragt er markant empor aus dem sanften Hügelland, aus der für das bayerische Voralpenland typischen Endmoränenlandschaft. Für viele, die ihn etwa von Herrsching über das wildromantische Kiental erklimmen, erweist er sich gerade am Ende wenn schon nicht als richtiger Berg, so dann doch als kräftezehrende Anhöhe. Man ist froh, wenn vor der Wallfahrtskirche die letzte Stufe der langen Treppe genommen ist. Es ist schon erstaunlich, wie bekannt Andechs – weit über die Grenzen Bayerns hinaus – ist, und wer sich alles etwa an schönen Sonnentagen auf dem Heiligen Berg ein Stelldichein gibt: Wanderer und Wallfahrer aus dem Umland, Ausflügler aus der nahen bayerischen Landeshauptstadt, Scharen von Touristen aus fast aller Herren Länder ... Es ist wohl die Symbiose von Kirche und Kultur, von Gastfreundschaft, Braukunst und Landschaft, wie sie hier auf engstem Raum erlebbar ist, die Andechs für viele so anziehend macht. Der Ort lädt ein zum Verweilen und Erholen, wenn man seine Blicke in das weite Land schweifen lässt, und dabei etwas von der bleibenden Faszination des ältesten Wallfahrtsortes Bayerns erfährt, die über Generationen hinweg die Besucher angerührt hat.

Kloster Andechs von Südosten

Der Berg – immer Begegnungsort zwischen Himmel und Erde, zwischen Gott und Mensch, etwas Hohes und Heiliges, das sich über das Alltägliche erhebt, wie es viele Kulturen überliefern. Immer wieder gilt es, die Niederungen des Alltags hinter sich zu lassen, aufzubrechen und sich auf den Weg zu machen, um auf dem Gipfel – herausgehoben aus aller Enge – neue Lebensperspektiven zu bekommen. Freilich bedeutet der Aufstieg Anstrengung und Krafteinsatz – ebenso der Abstieg, wenn es darum geht, den Gipfel loszulassen und wieder in den Alltag zurückzukehren. Und doch: Gipfelerlebnisse verändern den Menschen, weil das Erleben von unbegrenzter Weite die Sehnsucht nach dem Grenzenlosen und Ewigen weckt, so dass die Begrenzung in Ort und Zeit in ihrer Vergänglichkeit durchschaut werden kann. Nicht zufällig liegen aus diesem Grund so viele Heiligtümer, Wallfahrtsorte und Klöster auf Berggipfeln.

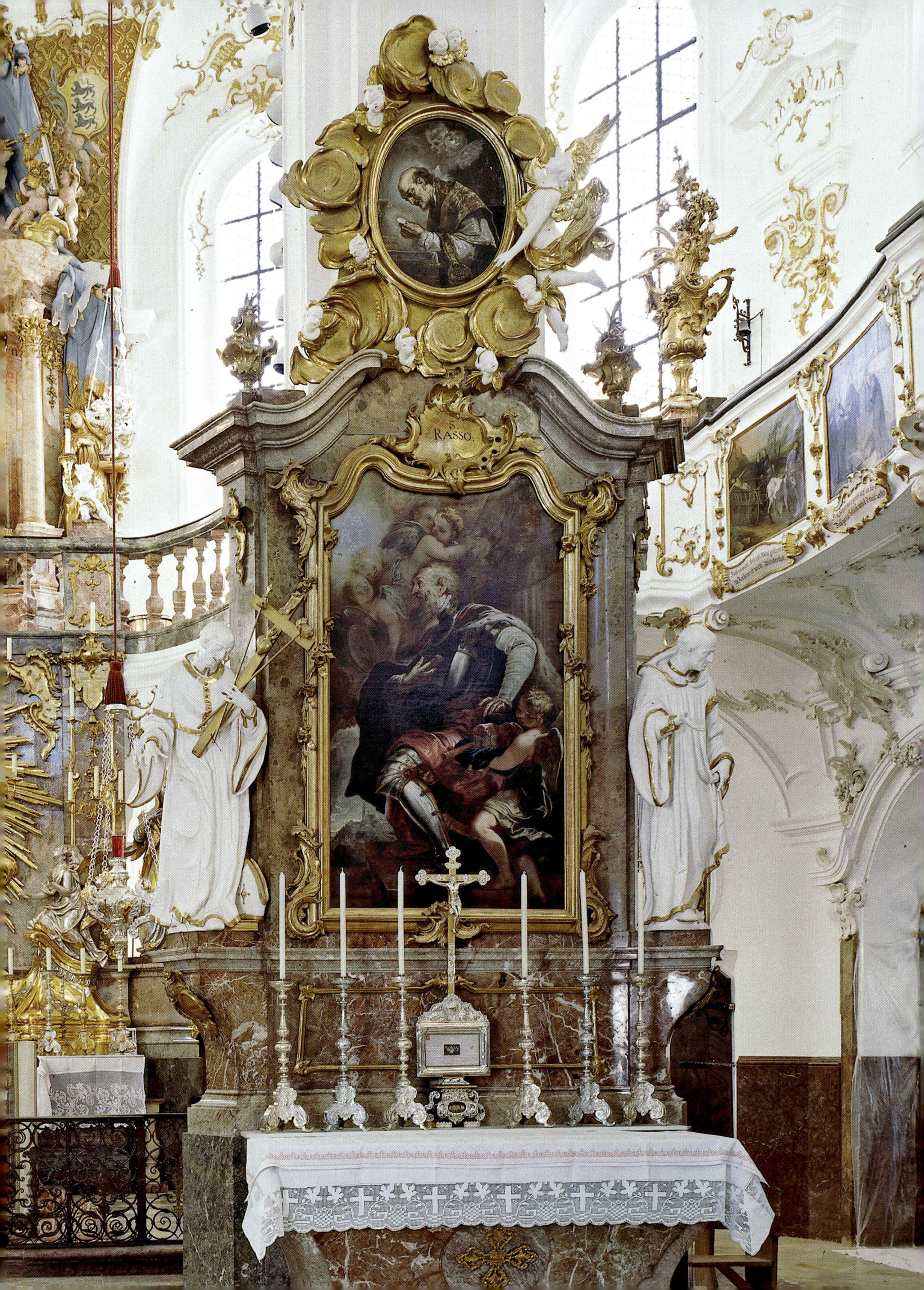
S. RASSO

Graf Rasso – die Anfänge der Andechser Geschichte

In Andechs, das sich 711 m über dem Meeresspiegel und 177 m über dem Ostufer des Ammersees erhebt, hat die Berglage zunächst einen recht profanen Grund. Schließlich zählt das Kloster nicht zu den altehrwürdigen Abteien des Bayernlandes, deren Ursprünge im 8. Jahrhundert, ja sogar noch früher zu finden sind. Als letzte Gründung des Spätmittelalters wurde das Kloster auf dem Heiligen Berg oder besser die „Abtei Heiligenberg", wie ihr ehrwürdiger Titel bis zur Säkularisation lautete, erst 1455 von Mönchen aus dem Kloster Tegernsee errichtet.

Ursprünglich stand hier – sozusagen in grauer Vorzeit – eine Burg der Andechser Grafen, welche 1068 erstmals urkundlich erwähnt wird. Es war wohl die strategisch günstige Lage, die steil abfallenden Hänge und die weite Sicht ins Land, die die Grafen bewegte, von Dießen nach Andechs zu übersiedeln. Legendärer Ahnherr der Familie ist der Selige Graf Rasso. Dieser soll im 10. Jahrhundert gelebt haben und gilt als Begründer des Andechser Heiltumsschatzes. Als Jerusalempilger habe er die ersten Herrenreliquien aus dem Heiligen Land mitgebracht. Im Alter legte er die Ritterrüstung ab und wurde Mönch in dem von ihm gegründeten Kloster am Nordende des Ammersees, das bis heute seinen Namen, Grafrath, trägt. Ob er wirklich gelebt hat, kann nicht historisch sicher nachgewiesen werden. Er soll ein hünenhafter Mann gewesen sein von über zwei Meter Länge. In der Andechser Ikonographie wird er daher in gebeugter, kniender Haltung dargestellt, wie wir ihn auf dem Bild des rechten vorderen Seitenaltares in der Wallfahrtskirche sehen können: ein gestandener Ritter. Um den Rahmen nicht zu sprengen, kniet sich der stattliche Mann vorsichtig in das Bild hinein. In dieser Haltung, die um die Erhabenheit Gottes weiß, findet er zu seiner wahren Größe, so dass er später zur Ehre der Altäre erhoben wurde. Zu seinen Füßen sehen wir das Kloster auf dem Heiligen Berg dargestellt, dass sich letztlich auf ihn zurückführen lässt, während Rasso zu einem Sternenbild aufschaut, dessen Buchstaben zusammengesetzt den Namen Maria ergeben – ein schönes Bild dafür, was eigentlich Demut meint: nicht ein Verdemütigen, das der Wahrheit nicht entspricht, sondern die Bereitschaft, sich in den von Gott gesetzten Lebensrahmen hineinzuknien, wie Maria es getan hat, im Vertrauen darauf, dass Gott, wie es die Gottesmutter im Magnifikat besingt, dann Großes an uns tun kann.

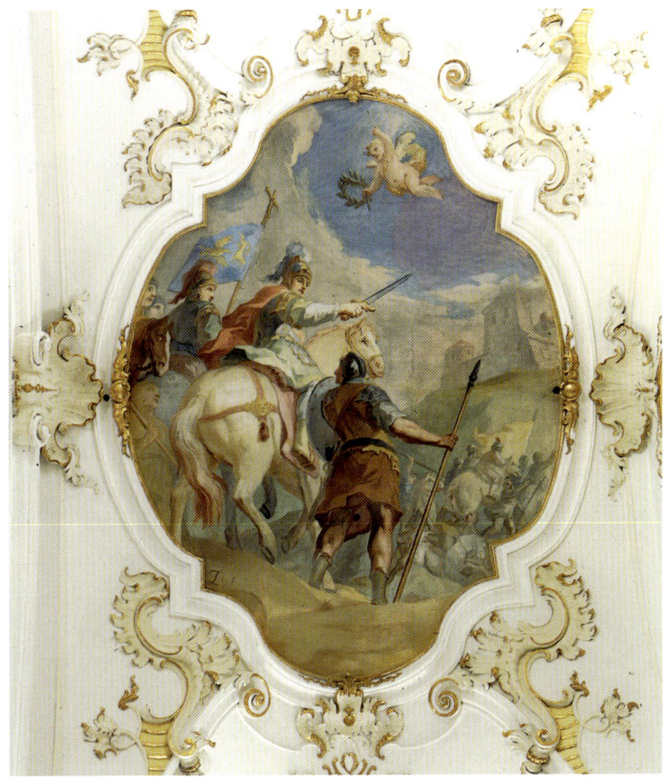

Fresko über dem Rassoaltar: Graf Rasso schlägt mit dem „Siegeskreuz Karls des Großen" die Ungarn in die Flucht

Altar des seligen Grafen Rasso

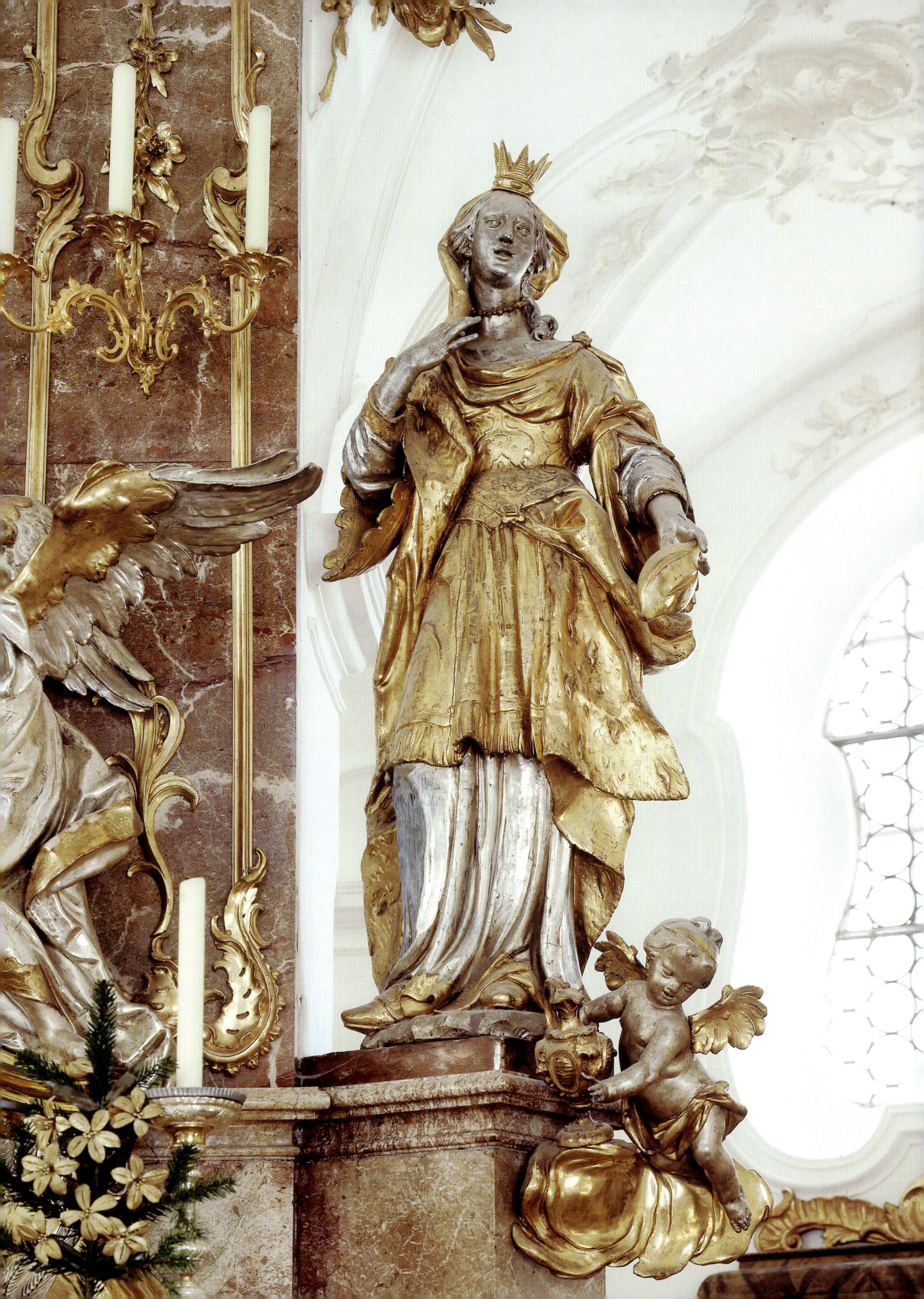

Das Andechser Grafengeschlecht – markante Frauengestalten

Es waren vor allem markante Frauengestalten, die die Bedeutung des Andechser Grafengeschlechtes steigerten, welches 1180 in den „Herzogstand" erhoben wurde, so dass die Andechser nunmehr als Herzöge von Andechs-Meranien firmierten. Herzog Berthold IV. († 1204) verstand es durch eine kluge Heiratspolitik, seinen Einfluss in Europa zu steigern. Seine Tochter Gertrud († 1213) wurde Königin von Ungarn. Sie war die Mutter der hl. Elisabeth (1207–1231), jener berühmten Landgräfin Thüringens. Seine Tochter Agnes († 1201) wurde Königin von Frankreich und Hedwig († 1243) Herzogin von Schlesien, als dessen umsichtige Landesmutter sie als Heilige verehrt wird. Aber auch Bertholds Söhne kamen in einflussreiche Positionen. Ekbert († 1237) wurde Bischof von Bamberg, der heutige Bamberger Dom unter seiner Regentschaft errichtet. Sohn Berthold († 1251) wurde Patriarch von Aquileja, einem der bedeutendsten Bischofsstühle damaliger Zeit, und Otto († 1234) heiratete 1208 die Nichte König Philipps von Schwaben, die Erbin von Burgund. Bei dieser Hochzeit wurde Philipp von einem Wittelsbacher ermordet. Die Andechser wurden der Mitwisserschaft bezichtigt und mit Acht und Bann belegt. Als deren Unschuld erwiesen wurde, hatten die Wittelsbacher den Besitz der Andechser erobert. 1248 endete schließlich die Herrschaft der Andechs-Meranier.

An die ruhmreiche Zeit der Andechser Grafen erinnert noch heute das Patronat von Wallfahrtskirche und Kloster, welche dem hl. Nikolaus und der hl. Elisabeth geweiht sind. Die Assistenzfiguren des unteren Hochaltars von Johann Baptist Straub (1704–1784) geben ihnen die Ehre. Nikolaus ist nicht nur der Patron der Kinder, woran die drei goldenen Kugeln erinnern, welche ein Putto verspielt zusammenhält, sondern auch der Seefahrer. Wahrscheinlich war ihm schon die Kapelle der Andechser Burg geweiht, schließlich galten die Andechser als Heiliglandpilger und Kreuzfahrer. Es ist schön, dass im überdachten Pforteninnenhof eine Bronzeskulptur von Christine Stadler an diesen beliebten Heiligen erinnert. Milde lächelnd schaut er auf das Modell des Heiligen Berges, als wolle er dem Betrachter sagen: „Solange ich meine Hand über diesen Ort

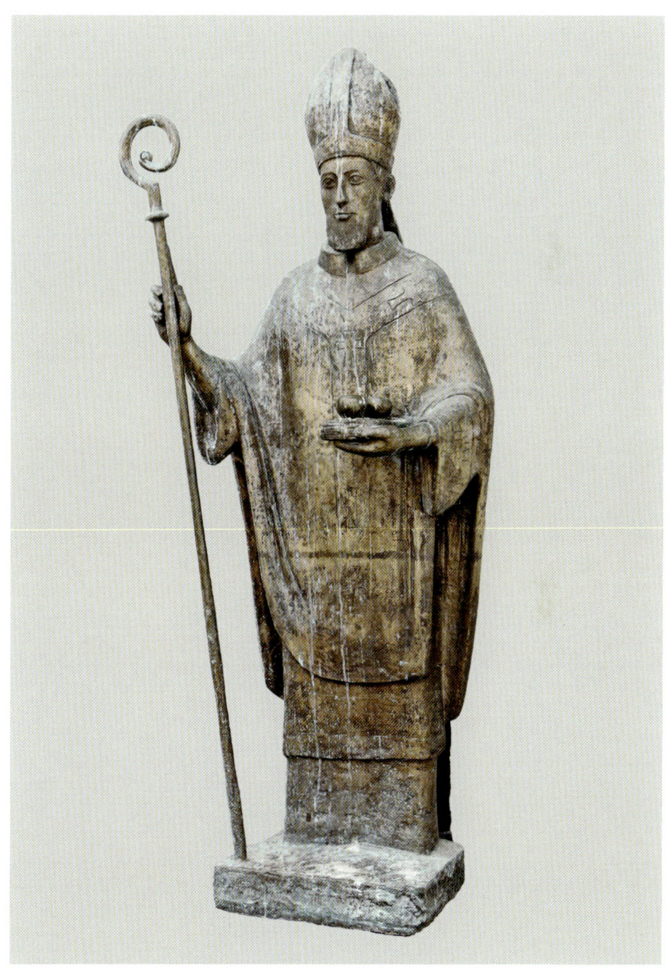

Hl. Nikolaus, Bronzeskulptur von Christine Stadler im inneren Pfortenhof

Hl. Elisabeth, rechte Assistenzfigur vom unteren Hochaltar

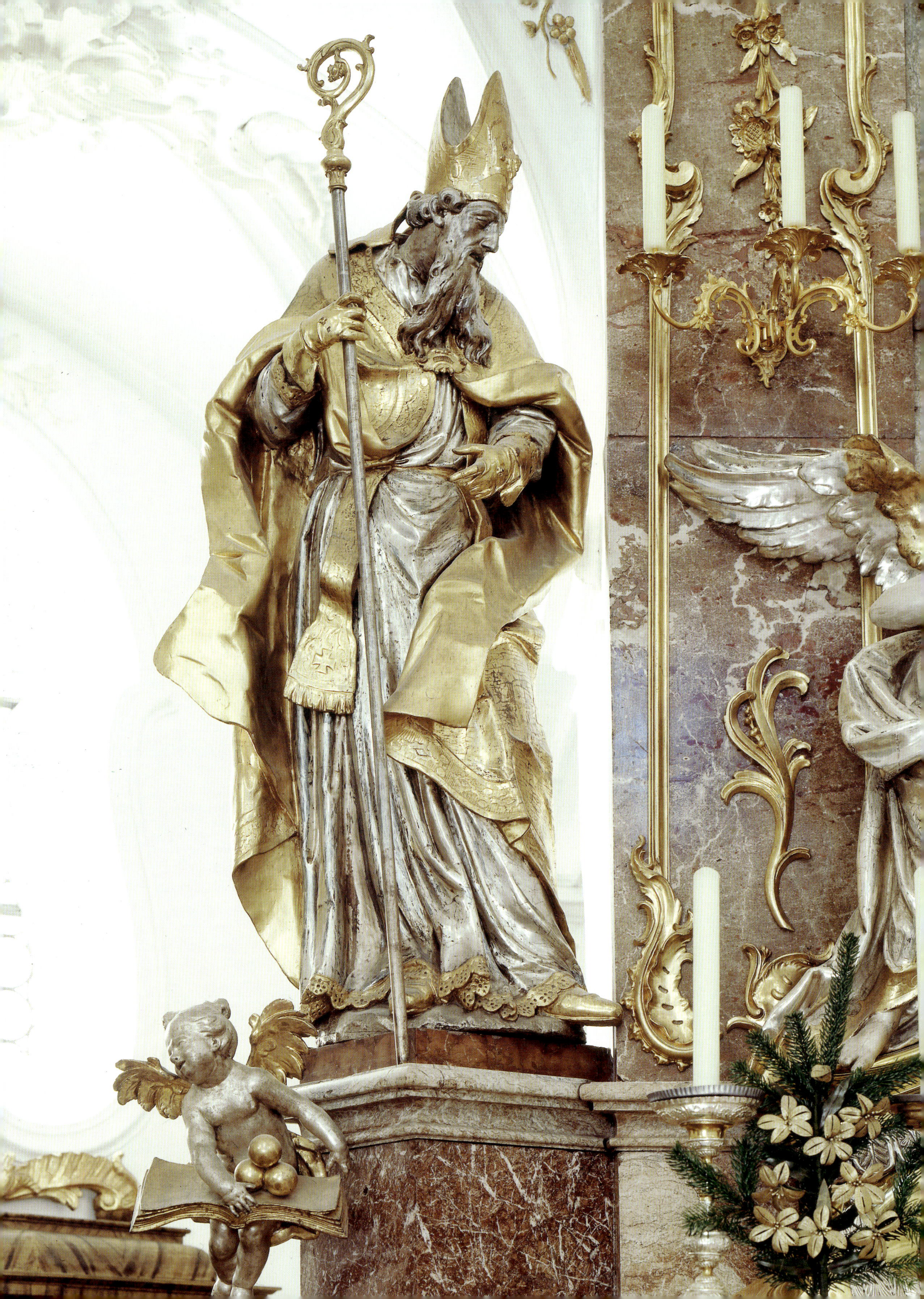

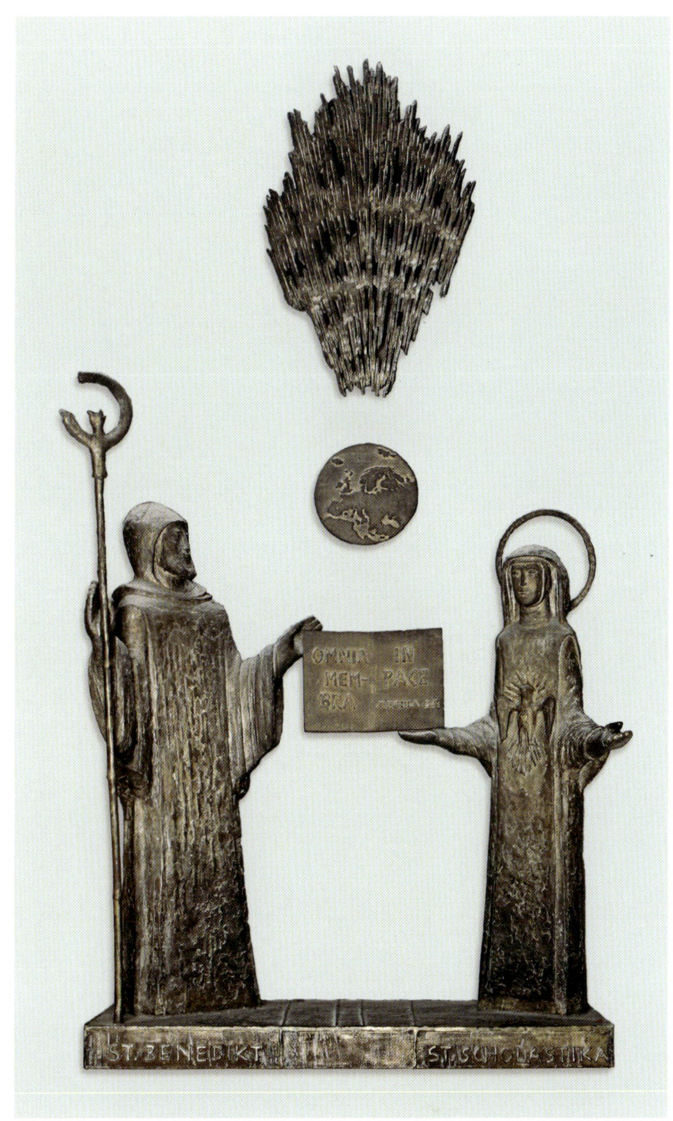

Benedikt und Scholastika, Skulpturen von Christine Stadler in der Versöhnungskapelle

halte, ist Ruhe und Wohlergehen gegeben." Bewusst steht er nicht auf einem Podest, sondern auf dem Boden der Wirklichkeit, ein beliebter, volksnaher Heiliger zum Anfassen, der sich berühren lässt von denen, die ihm nahe kommen.

Volksnähe zeichnet auch die hl. Elisabeth von Thüringen aus, die zu Beginn des 13. Jahrhunderts lebte. Nachdem ihr Gemahl Landgraf Ludwig von Thüringen auf dem fünften Kreuzzug verstorben war, verließ sie, motiviert von den Ideen des hl. Franziskus, die Wartburg und gründete in Marburg ein Hospiz. Hier pflegte sie aufopferungsvoll bis zu ihrem frühen Lebensende – sie starb mit 24 Jahren – die Siechen und Kranken, in denen sie Christus, ihren Herrn erkannte. Viele beeindruckende Erzählungen sind uns von dieser bedeutenden deutschen Heiligen überliefert. Manchen mag es verwundern, dass Elisabeth in der Wallfahrtskirche als vornehme Landgräfin dargestellt wird und nicht als einfache Frau, die einen Kranken pflegt, wie sie sonst abgebildet wird. Allerdings erinnert der assistierende Putto an das soziale Engagement der großen Heiligen aus dem Andechser Grafengeschlecht, wenn er für diese einen Wasserkrug bereithält. Vielleicht mag es aber auch ein stiller Hinweis des Künstlers sein, dass letztlich nicht Äußerlichkeiten entscheidend sind, sondern dass das, was wir für andere in die Hand nehmen, uns eine königliche Würde und Haltung verleiht, zu der wiederum andere aufschauen können.

Mutige Frauen des katholischen Frauenbundes haben 1943, als ihnen durch die nationalsozialistische Frauenpolitik andere Ideale vermittelt werden sollten, den großen heiligen Frauen von Andechs, Hedwig, Elisabeth und Mechthild, im Pforteninnenhof ein Denkmal gesetzt.

Interessanterweise wurde die hl. Hedwig, also die Tante der hl. Elisabeth, auf dem Heiligen Berg nie großartig verehrt. Vielleicht ist sie zu spät gestorben (1243) bzw. wurde sie zu spät heiliggesprochen (1267), nachdem die Andechser Burg von den Wittelsbachern schon zerstört worden war und diese kein Interesse daran hatten, dass hier neben Elisabeth noch eine zweite Heilige aus dem einst rivalisierenden Geschlecht verehrt wird. Wir wissen es nicht!

Erst die heimatvertriebenen Schlesier, die den Geburtsort ihrer Landesmutter aufsuchten, holten nach 1945 diese große Andechser Frau in die Erinnerung zurück, so dass 1966/67 die sogenannte Vöhlinsche Kapelle über der Sakristei in eine Hedwigskapelle umgestaltet wurde. Heute wird Hedwig in besonderer Weise als Patronin der Versöhnung zwischen Polen und Deutschen verehrt. Zusammen mit den anderen Andechser Heiligen und Seligen sowie den Patronen Europas Benedikt († 547), Cyrill († 869) und Methodius († 885) finden wir sie auch in der Versöhnungskapelle gegenüber dem Klosterladen. Benedikt hält zusammen mit seiner Schwester Scholastika die Regel geöffnet. Es ist der Vers zu lesen: „Omnia membra in pace – alle Glieder mögen im Frieden sein" (vgl. RB 34,5). Darüber ist Europa zu sehen als noch geteilter Kontinent. Wir dürfen dankbar sein, dass die Wende des Jahres 1989 diese trennende Mauer eingerissen hat. So ist es ein bleibender Auftrag im Spannungsfeld zwischen Arm und Reich, zwischen Jung und Alt, zwischen Nord und Süd, Ost und West immer wieder den Ausgleich und Frieden zu suchen!

Hl. Nikolaus, linke Assistenzfigur vom unteren Hochaltar

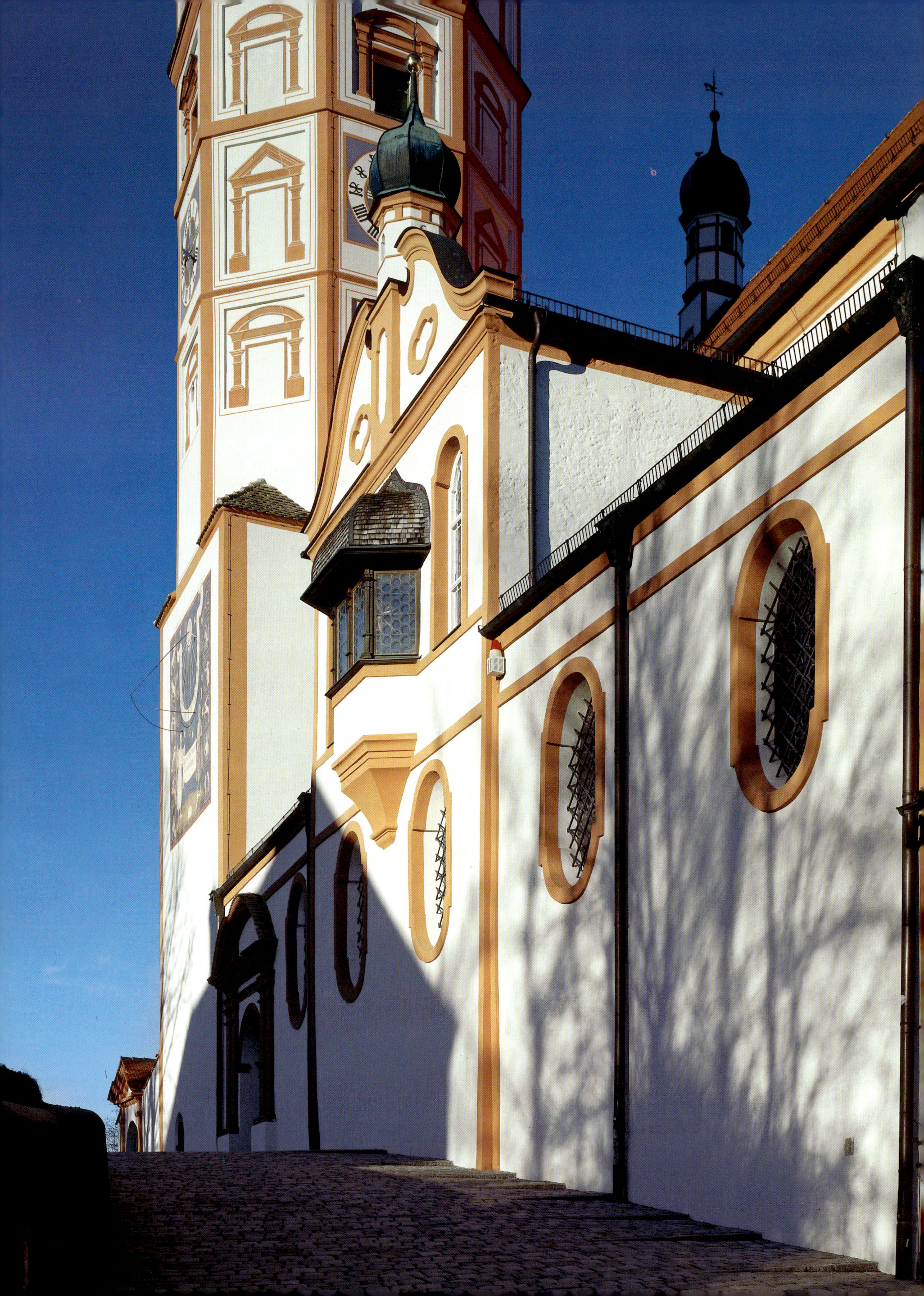

Die Wallfahrt –
von der Anziehungskraft des Heiligen

Manchmal wird dieser Friede spürbar, wenn Menschen unterschiedlichster Herkunft auf dem Heiligen Berg zusammenkommen, miteinander Gottesdienst feiern, ein Konzert besuchen oder sich im Bräustüberl stärken. An schönen Sommerwochenenden sind es manchmal Tausende. Oft werden wir als Mönchsgemeinschaft gefragt, ob uns nicht der Rummel zu viel wird. Schließlich können doch neugierige Touristen den klösterlichen Frieden empfindlich stören. Verkommt das Kloster dabei nicht zu einer Touristenattraktion?

Nun, zunächst muss festgestellt werden, dass ein Wallfahrtsort schon immer eine Touristenattraktion war. Wir würden ihn nur nicht als solchen bezeichnen. „Wallfahren" war eigentlich der Tourismus des Mittelalters und der Barockzeit und ein Tourist ist von der Wortbedeutung her einer, der sich auf eine Tour, d. h. auf eine Fahrt begibt. Die jährliche Wallfahrt war seinerzeit die einzige Möglichkeit – besonders für Frauen – aus dem Dorf herauszukommen, den Alltagstrott mit seiner Beschwernis hinter sich zu lassen und das gepaart mit einem frommen Anliegen. Freilich gab es unterschiedliche Motive, sich auf Wallfahrt zu begeben, etwa um Segen für die Feldfrüchte oder um die Heilung eines Erkrankten zu erbitten. Aber auch der Dank für eventuelle Verschonung vor einem Unglück und anderes mehr motivierten dazu.

Damit verband sich freilich die Sehnsucht des Menschen, auch Neues zu erfahren. Beim „Miteinander-unterwegs-Sein" konnte man allerhand Abwechslung erleben, gerade wenn eine Gruppe sich für mehrere Tage auf den Weg machte. Es wurde gesungen, gebetet und gelacht, gegessen und getrunken, so dass man sich unkompliziert näherkam.

Wer dann den Wallfahrtsort erreicht hatte, wollte auch dort etwas sehen und erleben: Nicht zufällig sind viele Wallfahrtskirchen, so auch unsere Andechser, mit kunstvollen Bildern und vielen gestifteten Weihegaben geschmückt, um damit dem Glauben sinnenhaft Ausdruck zu geben, dass Gott an diesem Ort Heil und Segen schenkt. Die Kirche sollte eine „Attraktion" im wahrsten Sinn dieses Wortes sein, das vom Lateinischen „attrahere" – „anziehen" abgeleitet wird, was so viel wie „Anziehungskraft" bedeutet. Durch festliche Gottesdienste und eindringliche Predigten, durch das Anschauen der Reliquien und Bilder, im persönlichen Gebet und durch die seelische Erleichterung in der Beichte sollte der Wallfahrer für seinen Lebensweg neu gestärkt werden.

Südseite der Wallfahrtskirche mit dem Erker der Vöhlin'schen Kapelle, heute Hedwigskapelle, von dem früher die Heiltümer zur Verehrung gewiesen wurden

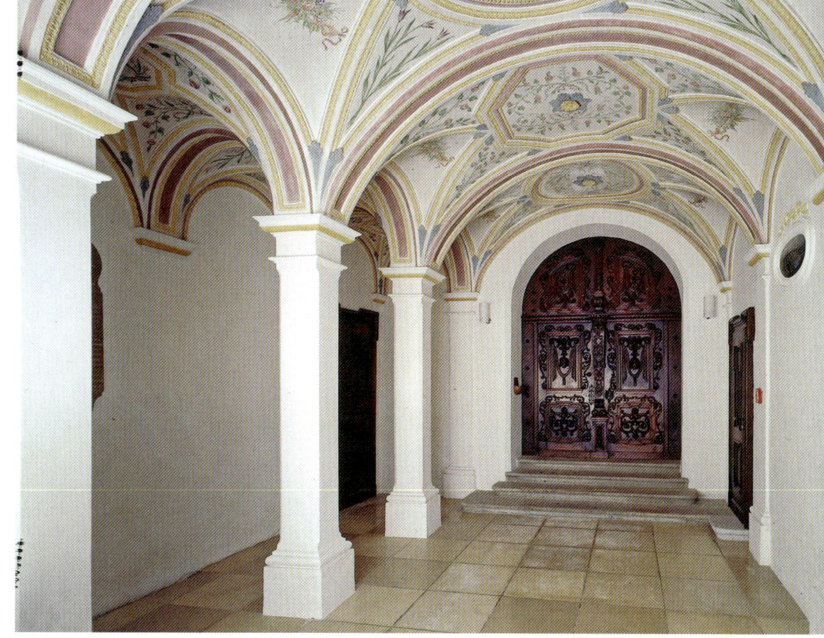

Vorhalle der Wallfahrtskirche

In Andechs ist der Wallfahrtsbetrieb älter als das Kloster. Schließlich wurde dieses ja 1455 von Herzog Albrecht III. zur Wallfahrtsseelsorge gegründet. Wahrscheinlich entstand die Wallfahrt schon zur Burgenzeit, also im 11. Jahrhundert.

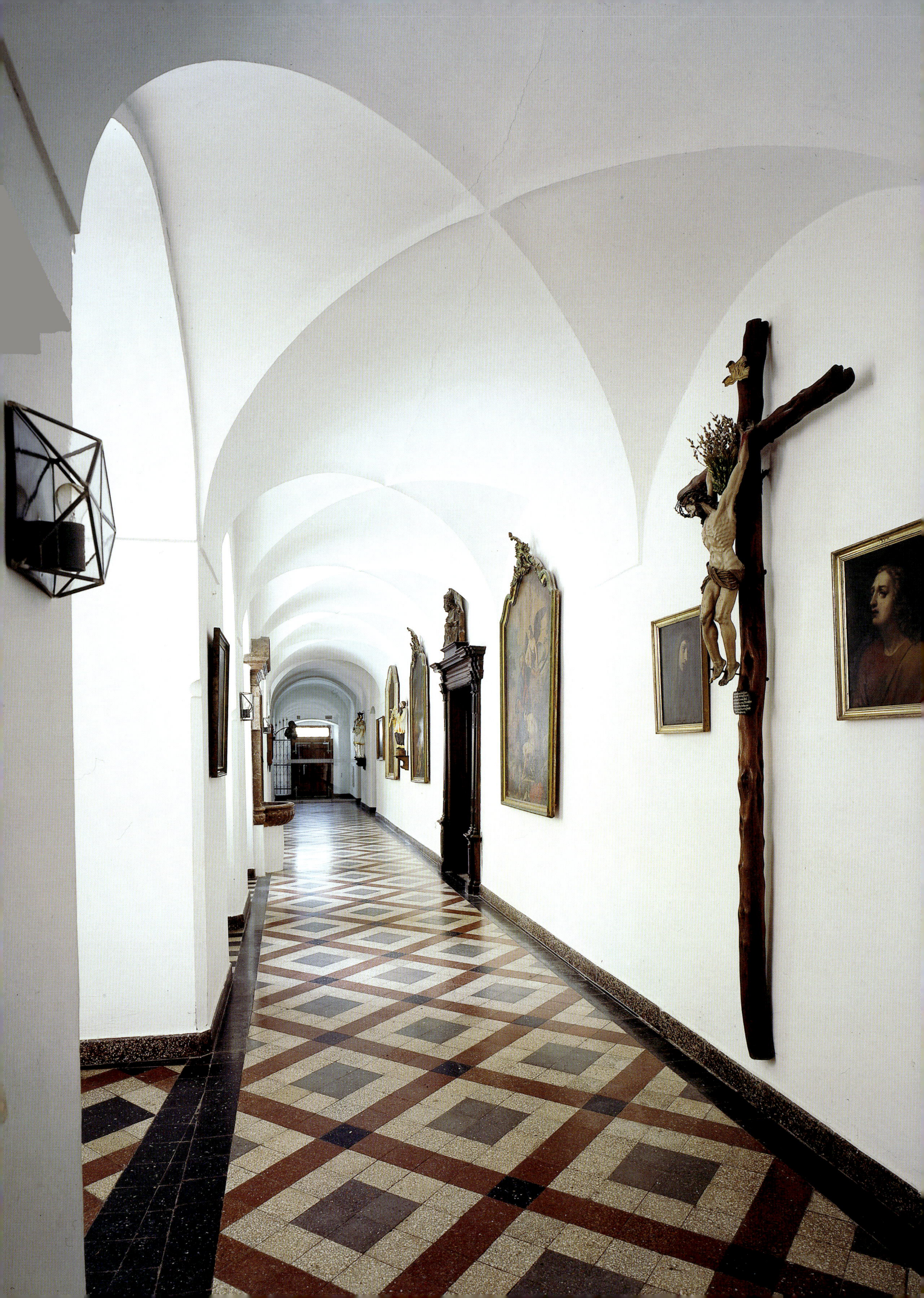

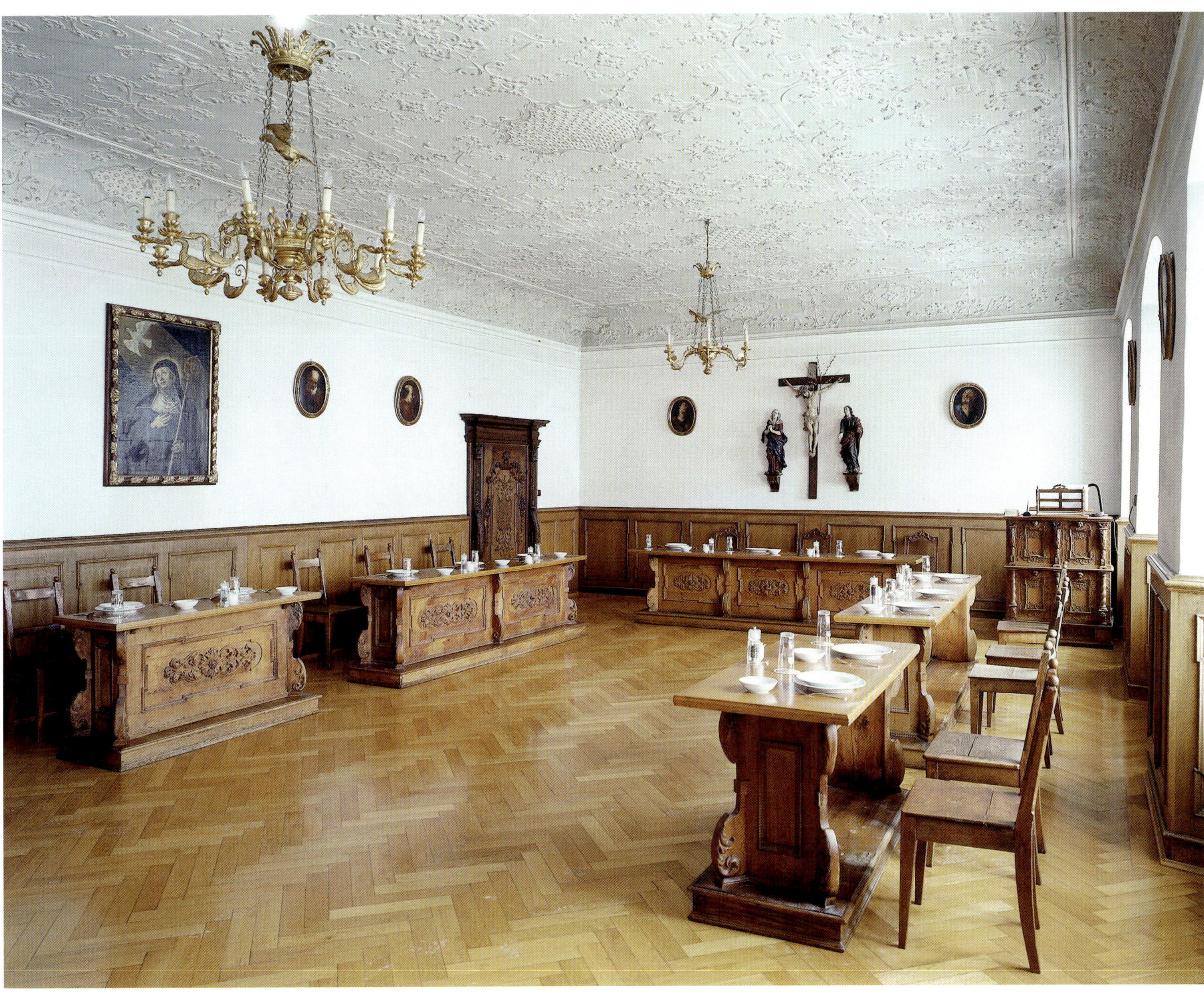
Refektorium des Klosters

Architektonisch wurden daher die Wallfahrtskirche und das Kloster so errichtet, dass die Mönchsgemeinschaft im Klausurbereich, welcher sich im Nordosten der Anlage befindet, nichts vom Getriebe der Wallfahrt mitbekommt und ungestört ihrem monastischen Leben nachgehen kann. Vom Zellentrakt der Mönche, dessen Fenster sich zum Kiental hin öffnen, sieht man die westliche Alpenkette des Allgäus, den Hohenpeißenberg und den langgestreckten Ammersee. An den stillen Kreuzgang schließen im Erdgeschoss des Klosters die Chorkapelle sowie das Refektorium an, dessen Decke kunstvoll angebrachter Wessobrunner Stuck ziert.

Um beim Chorgebet ungestört zu sein, befindet sich in der Kirche der Mönchschor auf der Orgelempore. Dieser erinnert freilich auch an die große musikalische Zeit des Klosters, als im 18. Jahrhundert begabte Mitbrüder sich als Komponisten einen Namen machten und ins Kloster nur eintreten durfte, wer Noten lesen und ein Instrument spielen konnte. Die Putti, die das Gitter der Orgelempore zieren, veranschaulichen mit ihren unterschiedlichen Instrumenten diese musische Vielfalt.

Der Südosten des heiligen Berges ist dagegen für die Besucher offen: Hier finden sich der Klostergasthof und das Bräustüberl, der Klosterladen und die alte Apotheke. Diese wurde im 18. Jahrhundert errichtet, als zwei Brüder als Apotheker ins Kloster eintraten und segensreich ihre naturwissenschaftlichen Kenntnisse zum Wohl der Besucher des Heiligen Berges einsetzten. Schöne Fresken im ehemaligen Verkaufsraum erinnern an das heilbringende Wirken Gottes am Menschen, so wie es in zahlreichen Begebenheiten der Bibel dargestellt wird.

Im Südosten befindet sich auch der Zugang zur alten Prälatur, wo bis zur Säkularisation der Abt des Klosters

Kreuzgang im Kloster

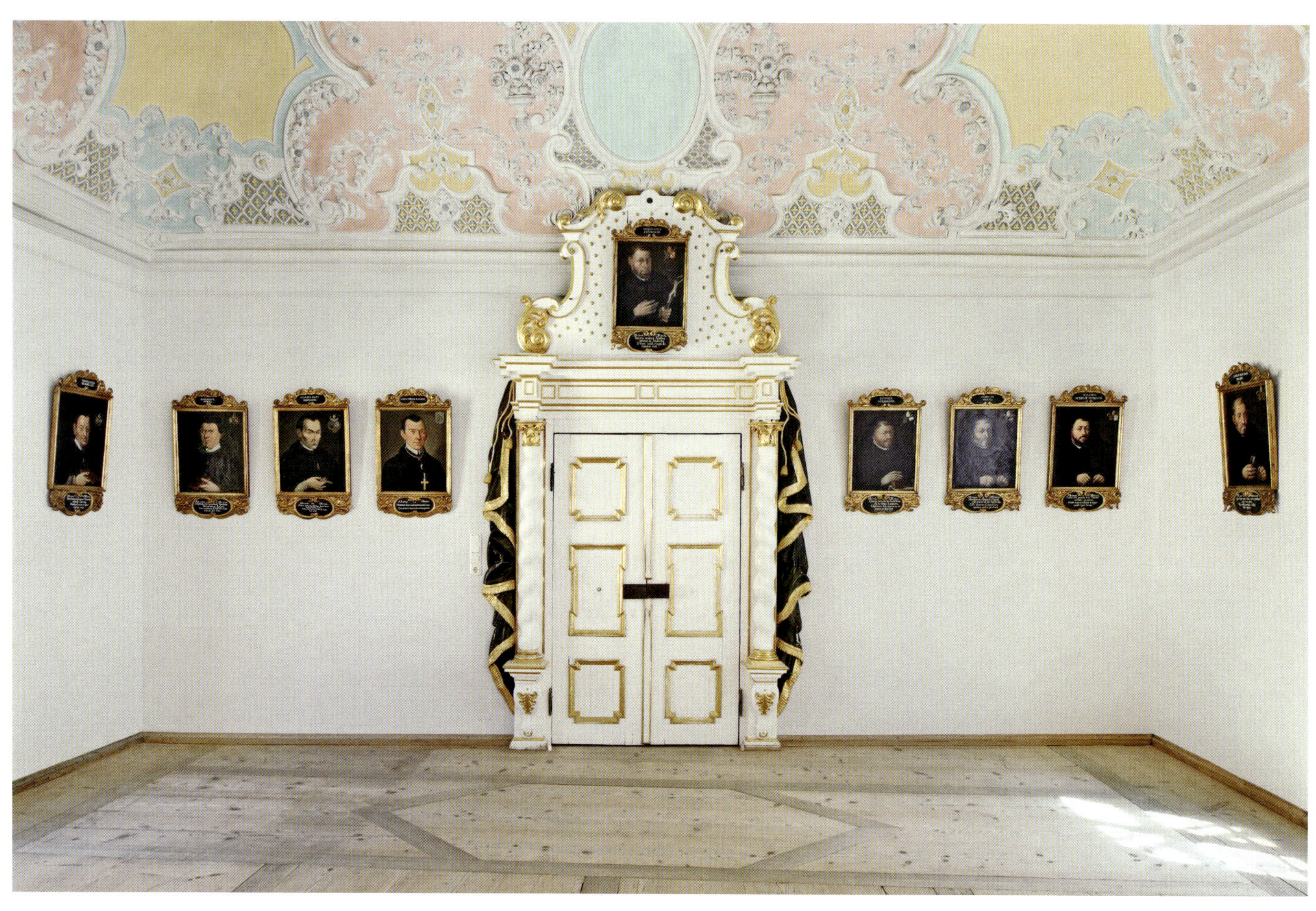

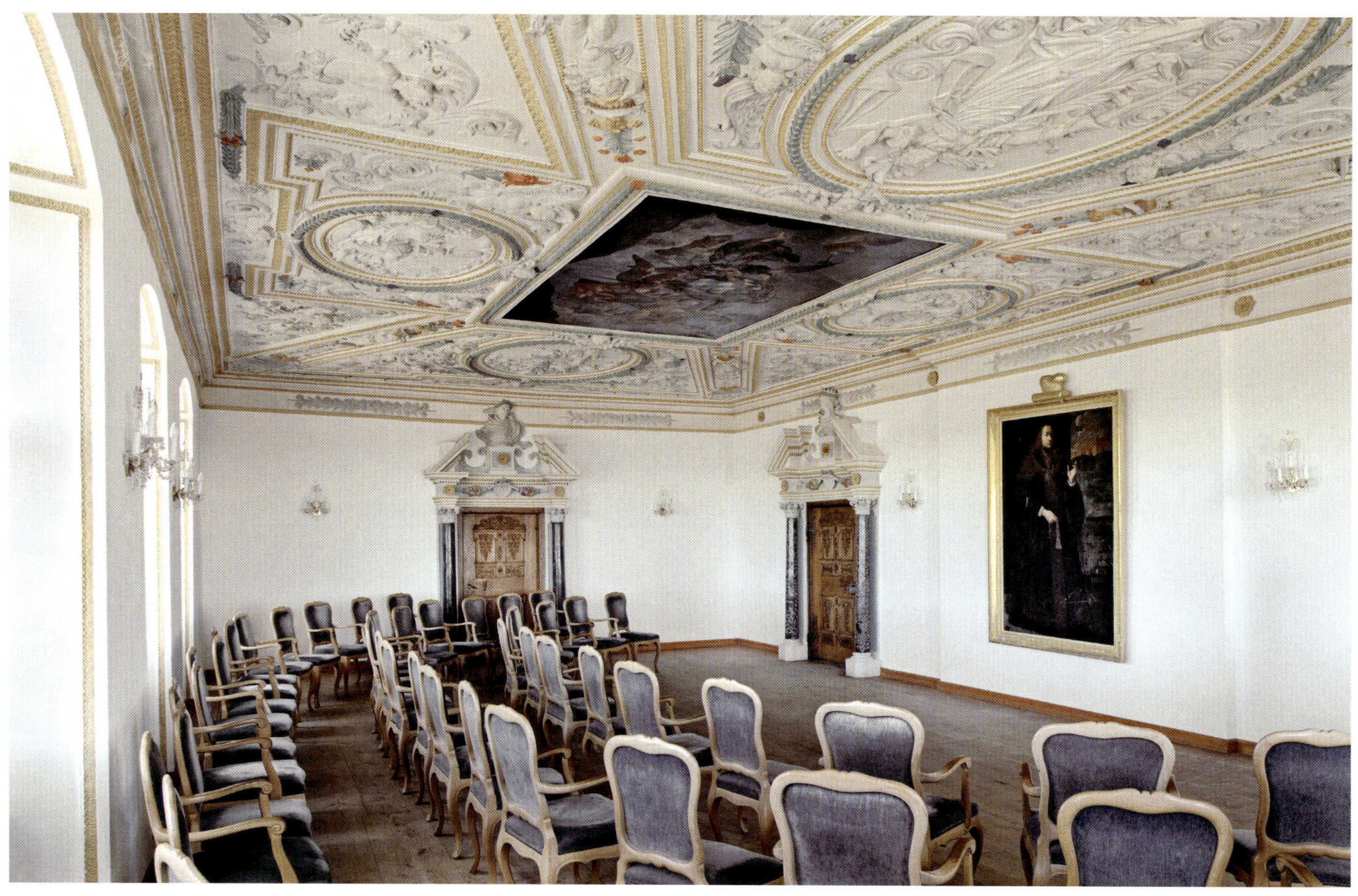

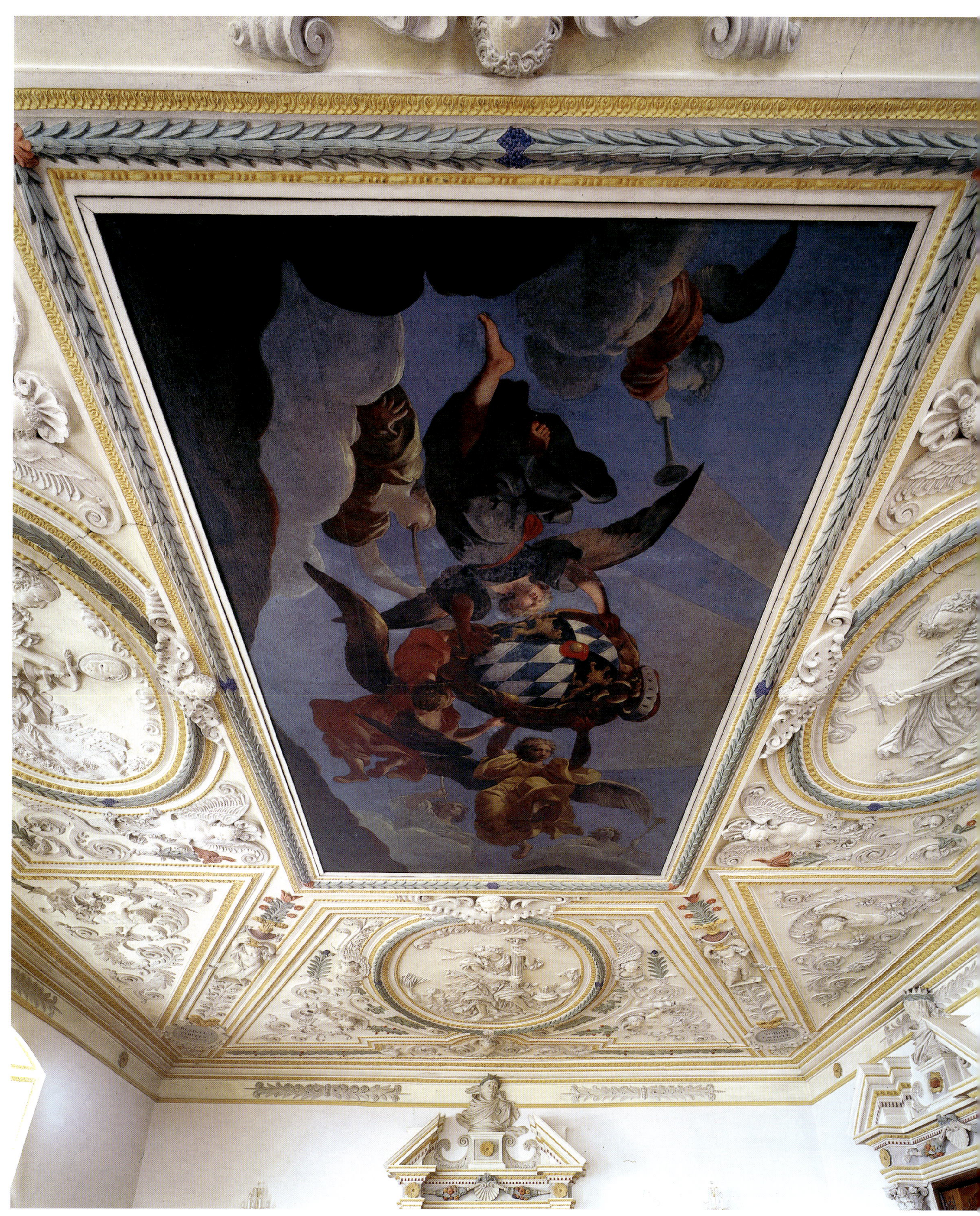

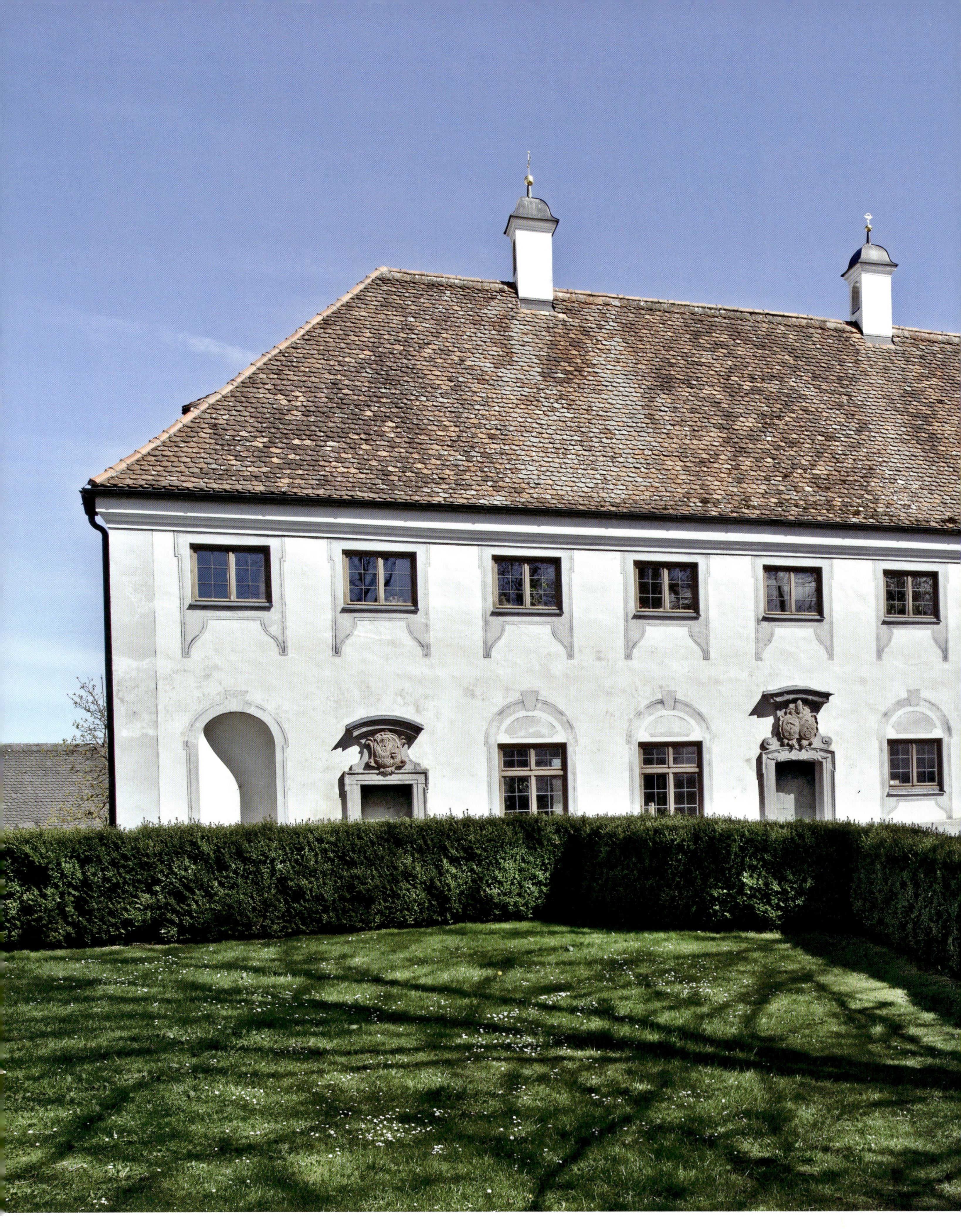

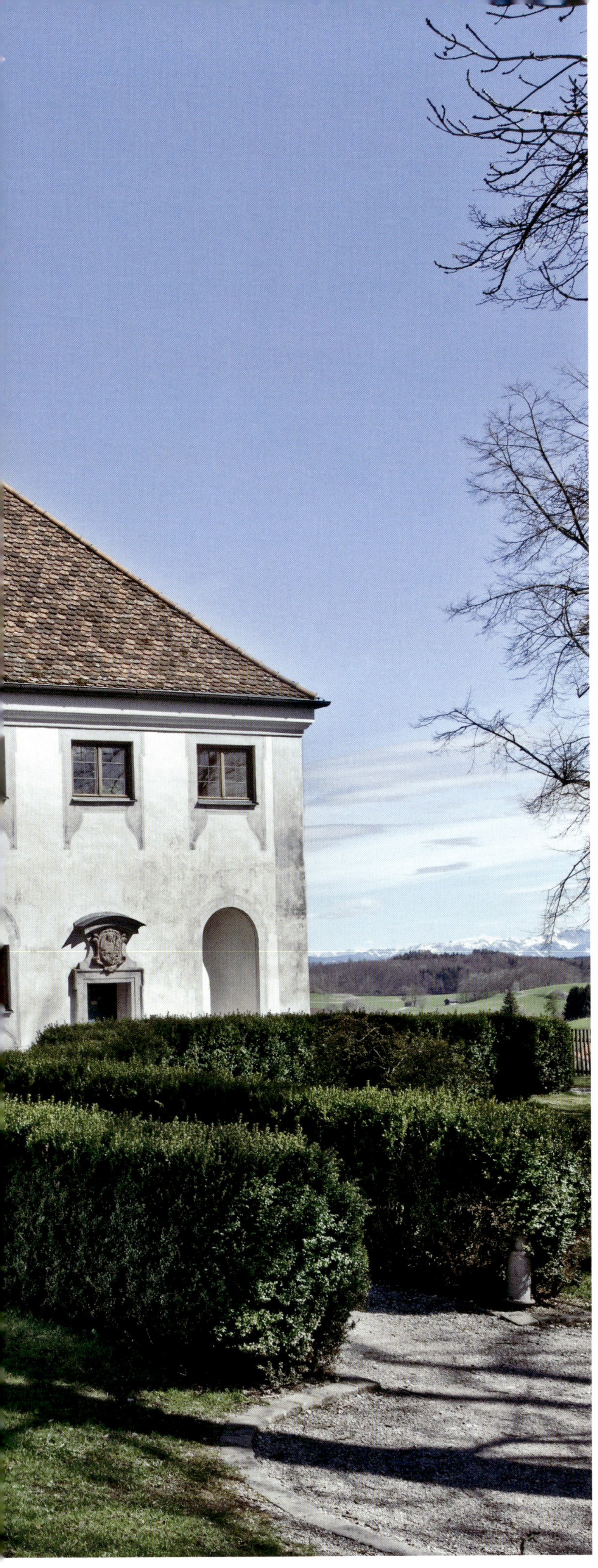

seine Empfangs- und Arbeitsräume hatte, sowie die Fürstenzimmer im zweiten Stock des Osttraktes, die der Stifterfamilie zur Verfügung standen. Heute werden sie für Tagungen, Empfänge, Vorträge und Konzerte genutzt. Die Räume sind zumeist reich und kunstvoll stuckiert. Den alten Bibliothekssaal zieren Porträtbilder der 25 Andechser Äbte, die von der Gründung bis zur Säkularisation im Jahr 1803 die Geschicke des Heiligen Berges bestimmten. Im Fürstensaal mahnen die Kardinaltugenden Klugheit, Gerechtigkeit, Tapferkeit und Maß zu jeder Zeit die Verantwortungsträger, ihr Tun und Lassen an diesen zu orientieren. Als barocker Fürstenspiegel wollen sie zur Nachdenklichkeit anregen und zur Reflexion dienen. Freilich bekommt der Hinweis aus dem 1. Petrusbrief „sobrii estote" – „seid nüchtern" (1 Petr 5,8), der die Tugend des Maßhaltens erläutert, in Andechs eine besondere Qualität.

Mit seiner altehrwürdigen Wallfahrt ist Kloster Andechs schon immer geprägt vom Spannungsfeld zwischen bewegtem Leben und besinnlicher Einkehr, zwischen Aktion und Kontemplation, was wohl bis heute seinen besonderen Charme ausmacht.

Seite 36
oben: Prunkportal der alten Bibliothek mit Porträts der Andechser Äbte
unten: Fürstensaal

Seite 37:
Deckenbild im Fürstensaal: Apotheose des Hauses Wittelsbach

Alte Apotheke, heute Pfarrhof

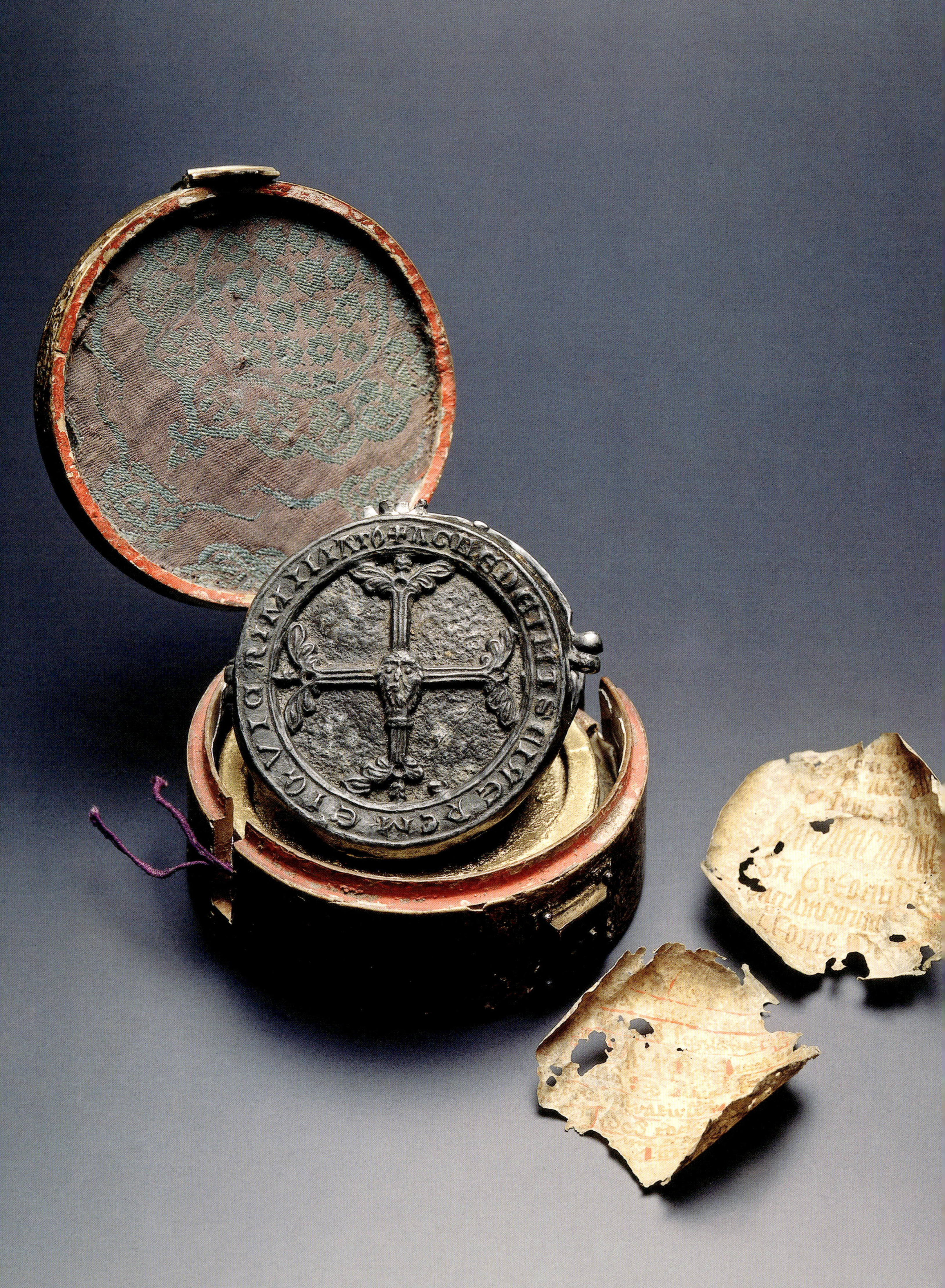

Der Heiltumsschatz – Andechs wird zum Heiligen Berg

Einer unscheinbaren Maus ist es zu verdanken, dass der Heilige Berg der älteste Wallfahrtsort Bayerns ist. Eigentlich sind wir ja nicht glücklich, wenn diese kleinen Nagetiere unsere Keller, Speicher oder Häuser bewohnen. Doch manchmal bringen sie Dinge zum Vorschein, die sonst ein für alle Mal verloren wären. In Andechs war das zumindest so. Wenn man der Überlieferung Glauben schenken darf, war es eine Maus, die am 26. Mai 1388 den heiligen Schatz wieder zum Vorschein brachte. Die Legende weiß zu berichten, dass ein Priester in der Kapelle der verfallenen Burg die Messe feierte, währenddessen eine Maus über die Altarstufen huschte und dabei einen kleinen Zettel verlor. Bei genauerem Hinschauen wurde festgestellt, dass es sich dabei um ein Reliquientestat handelte. Neugierig geworden ließ man an der Stelle, wo die Maus herausgekommen war, nachgraben, und fand in einer Truhe verborgen den heiligen Schatz. Auf den schönen Bildern der Galerie, die die sogenannte „Heiltumsgeschichte" von Andechs veranschaulichen, wurde deshalb auch die Maus in einem Bild verewigt mit der erklärenden Unterschrift: „Eine Maus zeigt durch den Zettel an, wo man das Heiligthum finden kann!"

Ob die Geschichte sich wirklich so ereignet hat, können wir nicht nachweisen. Aber sie ist schön, so schön, dass die Restauratoren nach der großen Restaurierung, die zum Jubiläumsjahr 2005 ihr Ende fand, der Andechser Maus in den Stufen des Hochaltares ein kleines Denkmal setzten. Frech und gar nicht scheu spitzt sie aus einem Spalt hervor. Wenn wir an großen Festtagen gleichsam alle Register der Feierlichkeit ziehen, schaue ich manchmal beim Einzug auf die kleine Maus und denke mir: Nicht die scheinbar Großen und Wichtigtuer sind entscheidend im Leben, auch nicht die Herausgeputzten und die mit Stab und Mitra prächtig Ausstaffierten! Gott bedient sich häufig der scheinbar Kleinen und Unbedeutenden, sogar einer unliebsamen Maus, um verborgene und verloren gemeinte Schätze wieder zum Vorschein zu bringen! Freilich verlangt das, dass wir das Kleine ernst nehmen. Es braucht eine wache Achtsamkeit, wenn es darum geht, verborgene Schätze wieder zu finden.

In Andechs jedenfalls lebte mit dem aufgefundenen Heiltumsschatz die Wallfahrt wieder auf. Nachdem dieser von den Wittelsbachern zunächst nach München in den Alten Hof in Sicherheit gebracht worden war, denn auch andere wie der Abt von Ebersberg hatten Besitzansprüche angemeldet, kamen die aufgefundenen Heiltümer wieder nach Andechs zurück. Die Herzöge von Bayern, die nun die Herren des Berges waren, entschlossen sich Ende des 14. Jahrhunderts, die heute noch erkennbare, ursprünglich spätgotische Hallenkirche zu errichten. Zugleich stifteten sie das Kloster, dessen Aufgabe es sein sollte, die Heiltümer zu hüten und sich um die Wallfahrer zu sorgen. Es war Herzog Ernst († 1438), der erstmals Andechs mit dem Titel „Heiliger Berg" belegte. Wie der Tempelberg einst in Jerusalem als besonderer Ort der Gegenwart Gottes galt, so sollte für Bayern Andechs mit seinem Heiltumsschatz das neue Zion sein, eben der „Mons sanctus Bavariae".

Aufgrund der Fülle von Reliquien und der zahlreich gewährten Ablässe war es nun nicht mehr notwendig, eine kräftezehrende und gefährliche Pilgerreise nach Jerusa-

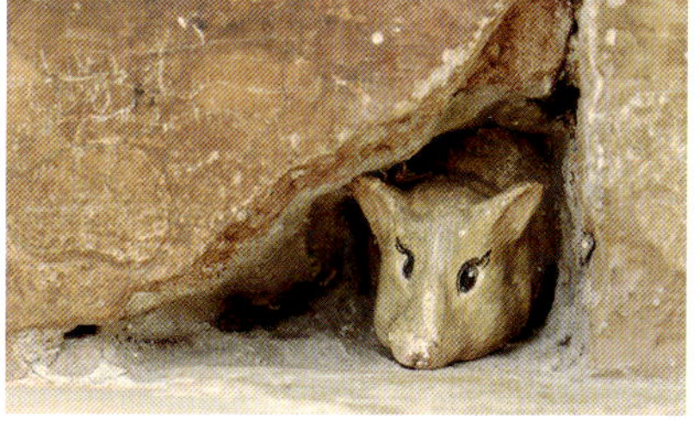

Andechser Maus an den Stufen des Hochaltares

Bleikapsel für die Heiligen Drei Hostien

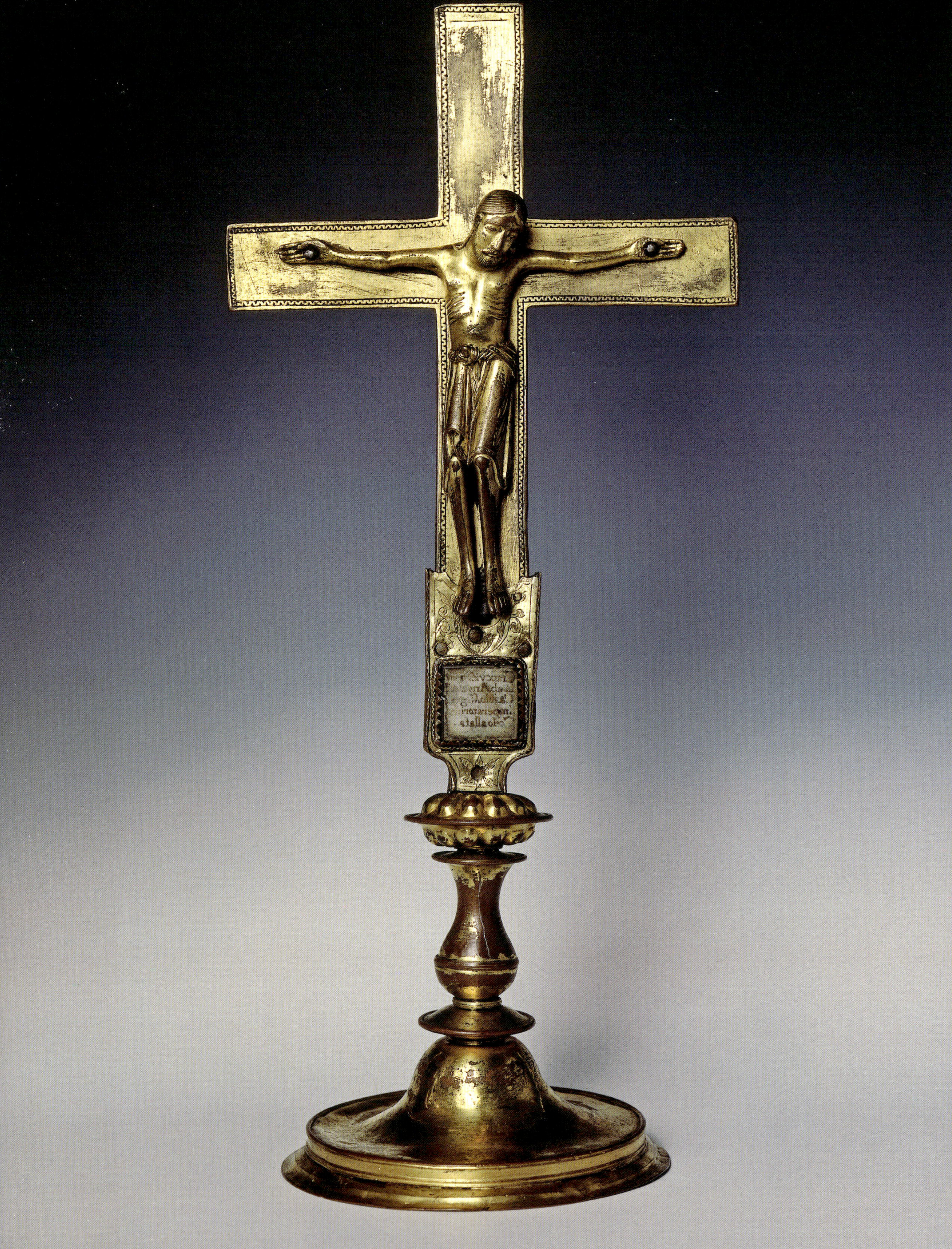

lem, Rom oder Santiago de Compostela anzutreten, da man ja gleichsam alles auf dem eigenen heiligen Berg vor der Haustür hatte.

Was aber wurde eigentlich 1388 alles in besagter Truhe gefunden, so dass in wenigen Jahren die Andechser Heiltümer sich größter Beliebtheit im ganzen Bayernland erfreuten? Folgt man der ersten Andechser Chronik, waren es die wundersamen „Drei Heiligen Hostien", von denen zwei auf Papst Gregor den Großen († 604) und eine auf Papst Leo IX. († 1054) zurückgehen sollen, Dornen der Dornenkrone Jesu und dessen Spottzepter, die schon zur Burgenzeit über Königin Agnes von Frankreich nach Andechs gekommen seien, der sogenannte Rock der hl. Elisabeth und das Siegeskreuz Karl des Großen, welches über Gertrud von Ungarn seinen Weg auf den Heiligen Berg fand, sowie weitere kostbare Reliquien, die schon in der Burgkapelle verwahrt gewesen sein sollen.

Der aufmerksame Leser merkt schon, wie vage die Formulierungen sind. Das hat seinen Grund. Mit dem Schatz kam ein Messbuch, das sogenannte „Andechser Missale", zum Vorschein, dessen Einträge die verschiedenen Heiltümer und deren Herkunft genau erläutern. Nun ist aber wissenschaftlich erwiesen, dass diese Einträge erst im 14. Jahrhundert verfasst worden waren, d. h. die Einträge des „Andechser Missale" entstanden nicht im 13. Jahrhundert, als der Schatz angeblich versteckt wurde, sondern zur Zeit seiner Auffindung.

Es gibt verschiedene Erklärungsmöglichkeiten hierfür. Einerseits könnte der ganze Schatz eine Fälschung sein, der erst im 14. Jahrhundert zusammen mit dem Missale vergraben wurde und dann „zufällig" zum Vorschein kam, um in Andechs eine Wallfahrtstradition wieder zu beleben, was selbstverständlich auch unter ökonomischen Aspekten ein lukratives Unterfangen bedeutete.

Andererseits könnte es aber auch sein, dass im 14. Jahrhundert wirklich Reliquien auftauchten, die schon in der Andechser Burg verwahrt waren. Das „Andechser Missale" als spätere Schaffung würde dann eine mündliche Erklärungstradition der gefundenen Heiltümer aufgreifen, deren Existenz in den Erzählungen und Erinnerungen des gläubigen Volkes noch präsent gewesen sein muss. Für diese These spricht, dass viele Andechser Wallfahrtsgemeinden sich auf eine über 800-jährige Wallfahrtstradition berufen, so dass ihre Vorfahren schon zur Burgenzeit nach Andechs pilgerten. Es ist gut möglich, dass sie ihr Wissen um die Heiltümer, währenddessen der Schatz verschollen war, in ihren Erzählungen und Geschichten aufbewahrten. Jedenfalls ist es interessant, dass die alten Wallfahrtsgemeinden, die bis heute zumeist an den traditionellen Wallfahrtstagen in der Bittwoche vor Himmelfahrt und um Pfingsten auf den Heiligen Berg kommen, sich mit den Grenzen der alten Grafschaft decken.

Über die Jahrhunderte hinweg hat sich im Bewusstsein des gläubigen Volkes von Generation zu Generation eine gute Tradition bewahrt, die dafür spricht, dass die Wallfahrt wahrscheinlich doch in die Zeit der Andechser Grafen zurückreicht, was letztlich nicht präzise genug historisch nachgewiesen werden kann. Eigentlich ist das auch gar nicht entscheidend. Aber es ist ein schönes Bild für die ganze Kirche: Es sind nicht allein die Amtsträger und Institutionen, die den Glauben in den Umbrüchen der wechselnden Zeiten und Epochen bewahren, sondern einfache und bewegliche Menschen, die sich Jahr für Jahr in einer großen „Sehnsucht nach Heil" auf den Weg machen – und mögen es noch so wenige sein!

Sog. Siegeskreuz Karls des Großen

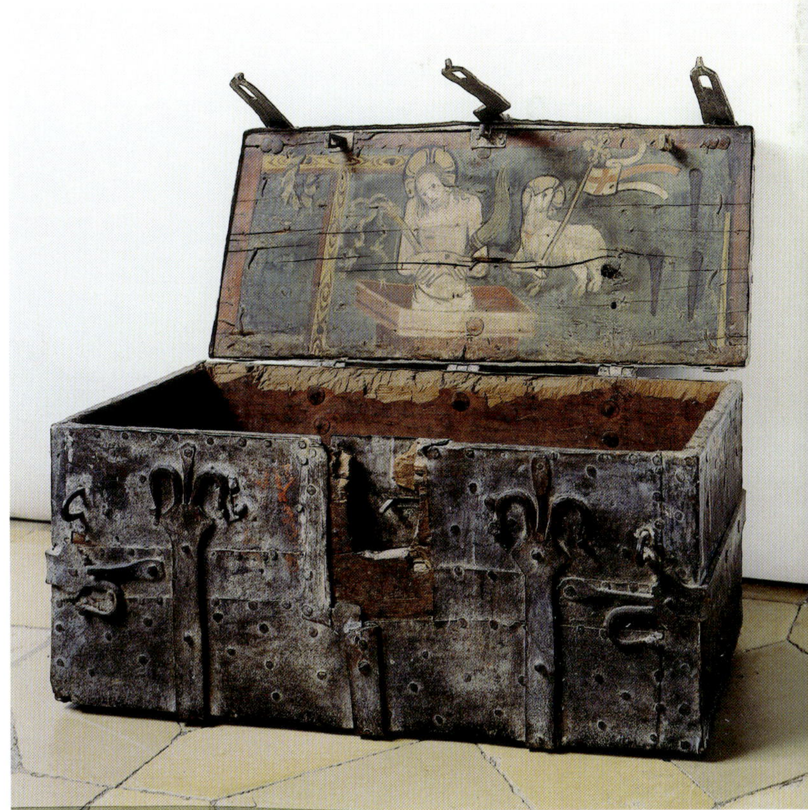

Reliquientruhe von 1388

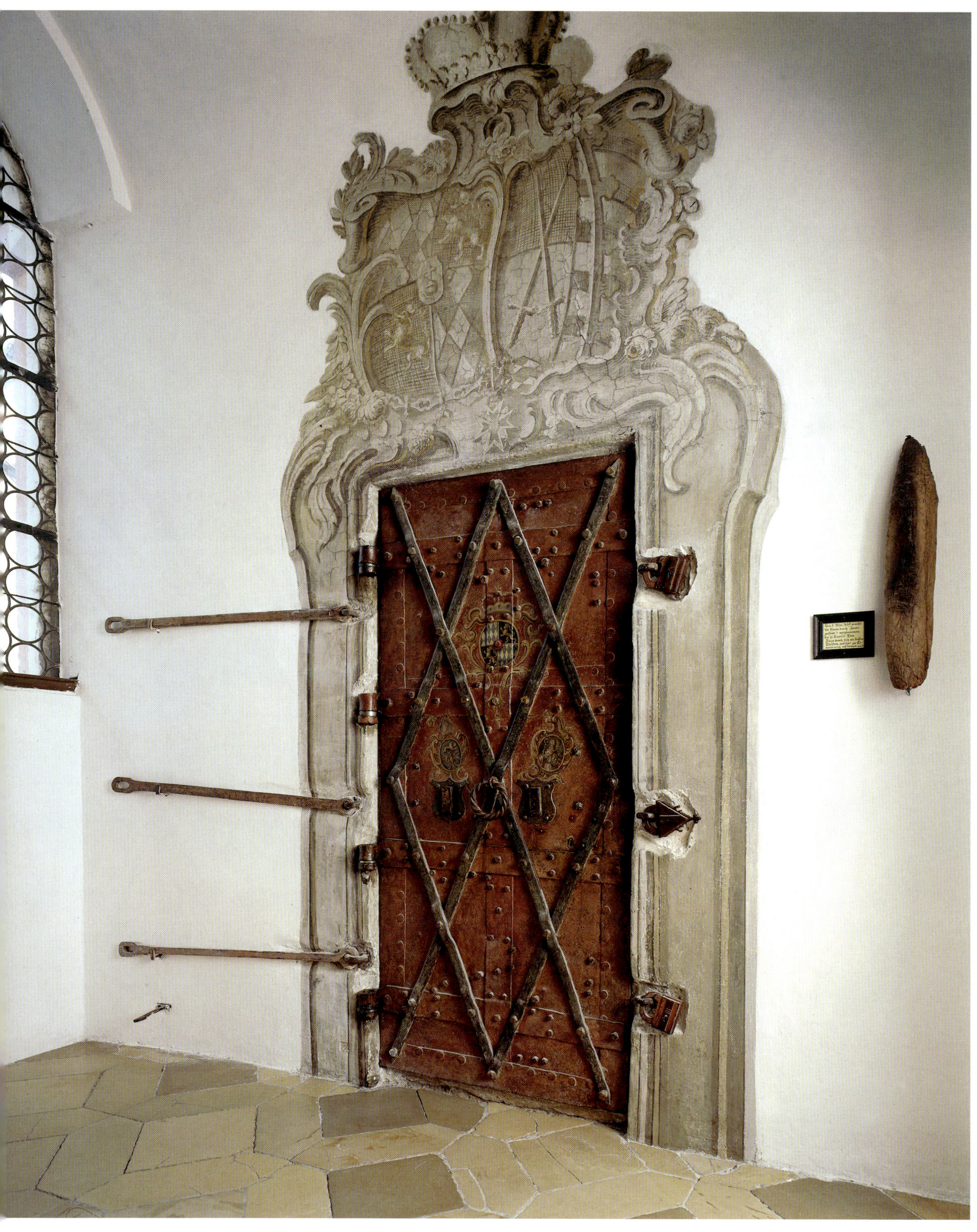

Die Heilige Kapelle – von den Erinnerungsstücken an das Heilige

Oft werden wir gefragt, ob die Reliquien, die in Andechs verwahrt und verehrt werden, wirklich echt sind. Wir wissen es nicht. Das war wohl auch für den mittelalterlichen Menschen nicht das Entscheidende. Ähnlich wie wir heute hatten auch die Menschen damals die Sehnsucht, etwas sehen und begreifen zu wollen. Freilich konnten sie dabei nicht über die Medien verfügen, die wir heute nutzen können. Eine Reise in das Heilige Land war ein gefährliches und anstrengendes Unternehmen. Daher waren „Mitbringsel" wichtig. In der Anschauung von Dornen konnte man sich vorstellen, wie sehr eine Dornenkrone auf dem Kopf schmerzte, oder wie sehr ein Nagel, durch die Hand getrieben, einen Menschen verwundete.

Ferner wollten die Menschen ihren Vorbildern, den Heiligen nahe sein, ähnlich wie es Jugendliche auch heute noch wollen, wenn sie Souvenirs und Autogramme ihrer Stars sammeln und diese wie Schätze hüten. So erging es auch den Menschen in frühen Zeiten, wenn sie Gebeine oder Kleidungsstücke von Heiligen aufbewahrten. Diese Reliquien erinnerten sie an ihre Vorbilder und sie waren davon überzeugt, dass die Heiligen, die schon im Hier und Jetzt ein Leben aus der Nähe Gottes gelebt hatten, nach ihrem Tod in eine noch intensivere Gemeinschaft mit Gott eingegangen waren, aus der heraus sie nach wie vor Heil wirken konnten. In der Verehrung der Reliquien kam man dem Heiligen und damit Gott nahe. Reliquien sind also Medien ihrer Zeit, ähnlich, wie wenn man heute einen „Jesus-Film" anschaut oder sich Fotos von Angehörigen und Freunden aufbewahrt, die schon verstorben sind. Kunstvoll in Gold und Silber gefasst und mit Edelsteinen verziert sollte die hohe Wertschätzung des verstorbenen Heiligen zum Ausdruck gebracht werden. Dabei galten Edelmetalle wie Gold und Silber in vielen Kulturen als Symbol für das

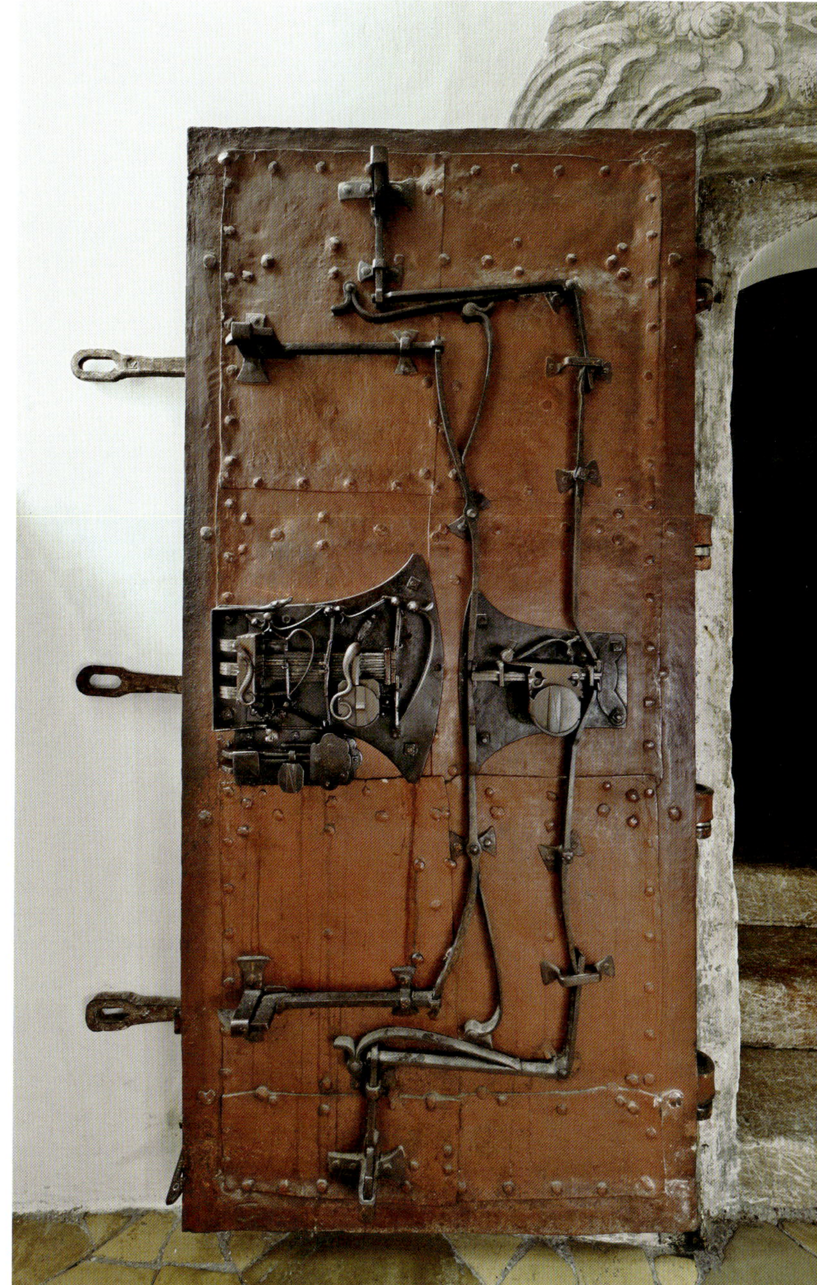

Eingang zur Heiligen Kapelle

Innenseite der Eingangstür zur Heiligen Kapelle

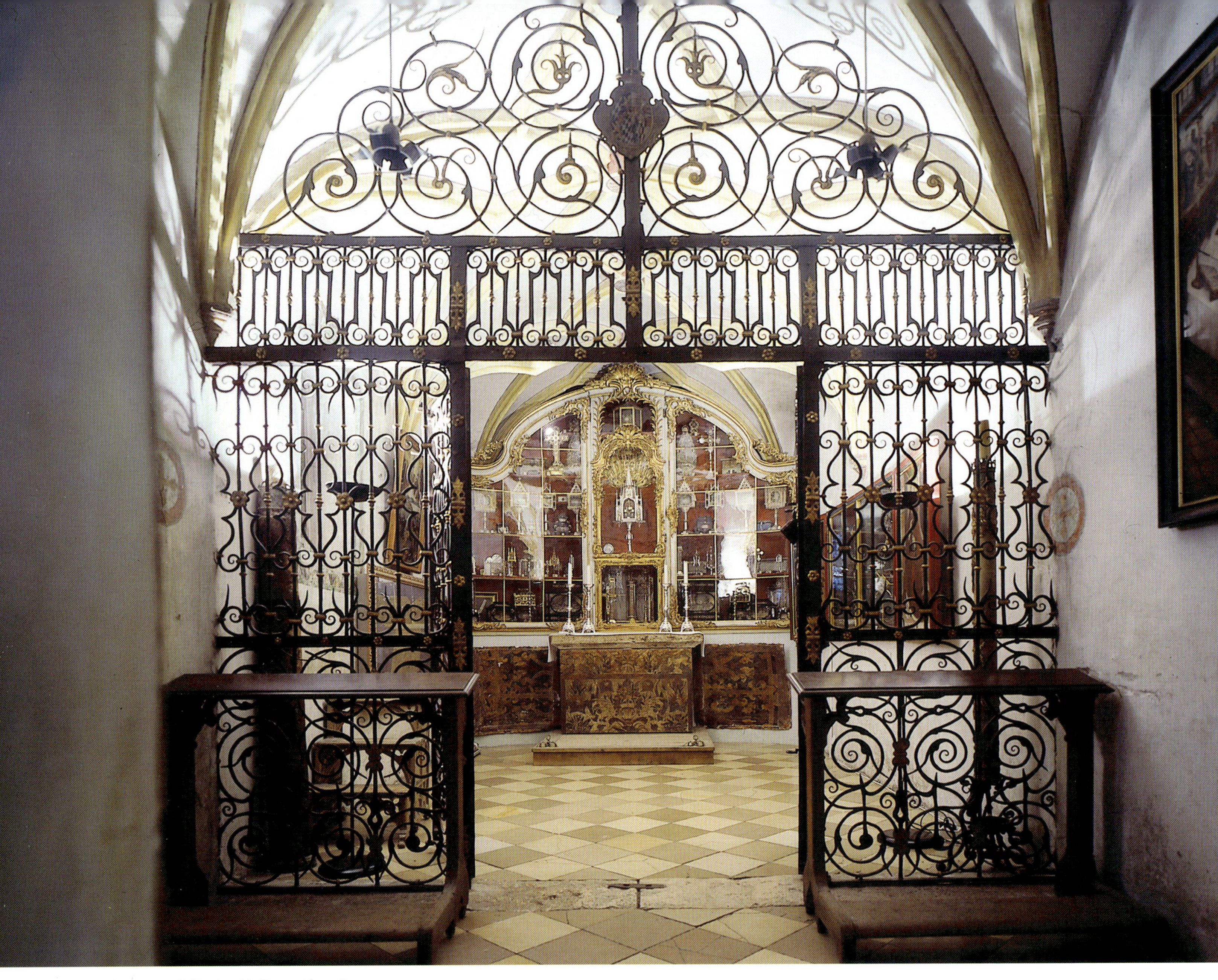

Innenansicht der Heiligen Kapelle

Ewige und Unvergängliche, also für die bleibende Gemeinschaft des Menschen mit Gott, für den Himmel!

In der Blütezeit wurden in Andechs über 280 Reliquien aufbewahrt, so dass der Heilige Berg als größter Reliquienschatz nördlich der Alpen bekannt war. Diesen galt es vor Dieben gut zu schützen, denn der Besitz von ideell wertvollen Reliquien hatte auch eine ökonomische Komponente. Schließlich ließen die unzähligen Wallfahrer, die jährlich auf den Heiligen Berg kamen, ihre Gabe in den Opferstöcken zurück, kauften Kerzen und Devotionalien, bestellten Messen in ihren Anliegen. Ähnlich dem heutigen Tourismus galt damals die Wallfahrt als ein durchaus ökonomisch lukratives Geschäft.

Bis heute verwahrt die Heilige Kapelle die wichtigsten und wertvollsten Reliquien. Will man diese betreten, so muss zunächst eine Tür entriegelt werden, die mit drei Schlössern gut gesichert ist. Es sind also drei Schlüssel notwendig, die gleichzeitig in ihren Schlössern umgedreht werden müssen. Das bedeutet, dass man drei Hände braucht, also mindestens zwei Personen, um die beeindruckende, schwere Eisentür zu öffnen.

Mit diesem ausgeklügelten Mechanismus wahrte man gleichsam das Vieraugenprinzip. Schließlich, so ein ungeschriebenes Gesetz von Dieben, unternimmt man besser einen Einbruch allein als zu zweit. Sowohl die Mitwisserschaft als auch die Verpflichtung, mit dem Kumpan das Erbeutete teilen zu müssen, raten dazu, wie uns Kriminalbeamte bei einer Führung erläuterten, einen Einbruch besser allein zu tätigen.

Die drei Schlüssel hatten ursprünglich drei verschiedene Besitzer. Die kleinen Wappen, die die schwere Tür zieren, erinnern an diese. Einen Schlüssel hatte die Stifterfamilie, wie das Wittelsbacher Wappen mit dem Herzogshut anzeigt. Einen Schlüssel verwahrte der Abt des Klosters, wie Stab und Mitra über dem Andechser Wappen verdeutlichen. Und den dritten Schlüssel verwaltete der vom Konvent gewählte „Custos reliquiarum", also der Hüter der Reliquien, auf den das Bild des hl. Nikolaus als Hüter und Patron von Andechs verweist.

Alle drei Parteien mussten sich einigen, was mit den Einnahmen der Wallfahrt geschieht. Kam es zu keiner Einigung, so konnte damit gedroht werden, dass in der kommenden Wallfahrtssaison der Schlüssel nicht herausgegeben werde. Dies hatte zur Konsequenz, dass die Tür nicht mehr geöffnet werden konnte. Damit würden bald die Wallfahrer ausbleiben und alle Beteiligten leer ausgehen.

Nicht nur handwerklich interessierte Männer fasziniert die filigrane Schlosserarbeit auf der Innenseite der Tür, sondern auch Kinder, die bei genauerer Betrachtungen giftig züngelnde Schlangen entdecken, die kunstvoll in die Schlösser eingearbeitet wurden. Sie sollen das Heiligtum von innen her beschützen. Bei einem Einbruch bei flackerndem Kerzenschein kann man sich gut vorstellen, wie diese giftigen Tiere sich auf einmal bewegten und dem unliebsamen Besucher Angst einflößten.

Bis auf die Säkularisation wurde die Heilige Kapelle in ihrer über 500-jährigen Geschichte nie ausgeraubt. In Krisenzeiten etwa während des Dreißigjährigen Krieges wurden die Heiltümer in befestigte Städte wie München, Wasserburg oder Salzburg gebracht.

Auch kam es den Mitbrüdern einem Himmelszeichen gleich, dass beim großen Klosterbrand am 3. Mai 1669, bei dem Kloster und Kirche durch nächtlichen Blitzschlag völlig zerstört wurden, als einziger Baukomplex die Heilige Kapelle wie durch ein Wunder von der Zerstörung verschont blieb. Ein rußiger Balken, im Vorraum der Heiligen Kapelle angebracht, erinnert den heutigen Besucher daran.

Freilich wurde bei der Säkularisation des Klosters 1803 die Heilige Kapelle ordentlich ausgeräumt. Schließlich war man in München weniger an den Kunstschätzen, als am Materialwert der kostbaren Reliquiare interessiert. Die Edelsteine wurden aus diesen herausgebrochen, Gold und Silber eingeschmolzen, so dass im Geist der sogenannten Aufklärung wirklich einzigartige Kunstschätze für immer zerstört worden sind.

Das Herzstück des Andechser Schatzes, die Dreihostienmonstranz, wurde allerdings nicht vernichtet. Mag man der Überlieferung Glauben schenken, weigerten sich die Andechser Mönche, die „Drei Heiligen Hostien" aus der wertvollen Monstranz zu nehmen, wozu sie der kurfürstliche Kommissär aufgefordert hatte. Auch er selbst wollte, trotz allem aufgeklärten Geist und begehrlichem Charakter, diesen Frevel nicht begehen. Deshalb verblieb die Dreihostienmonstranz auf dem Heiligen Berg, so dass wir sie noch heute als einzigartiges Kunstwerk spätmittelalterlicher Silberschmiedearbeit bewundern können.

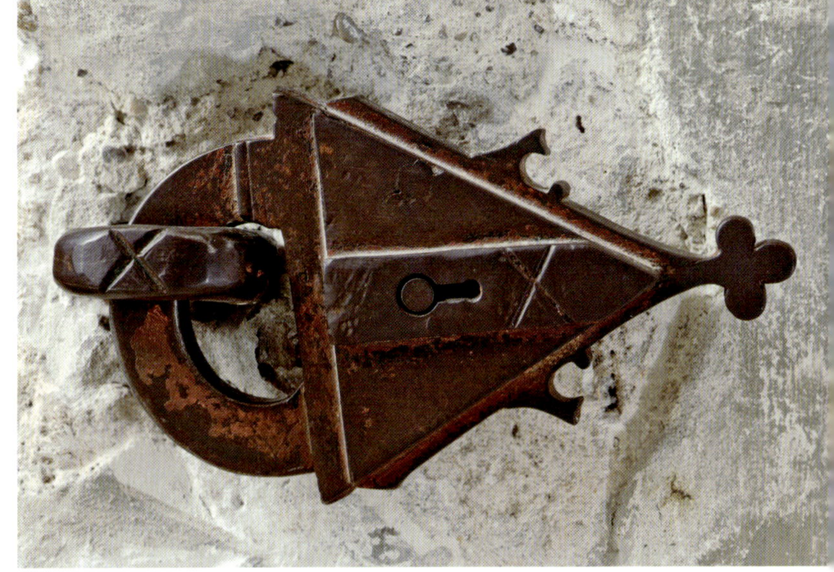

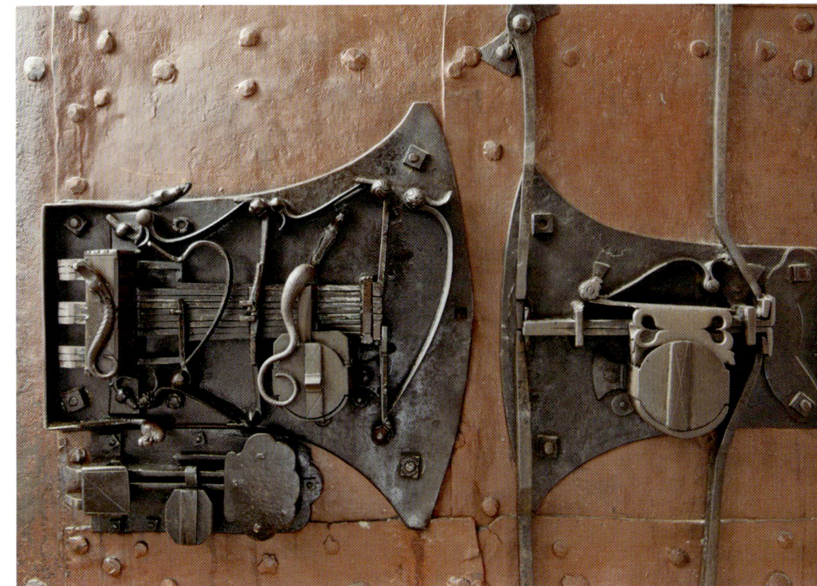

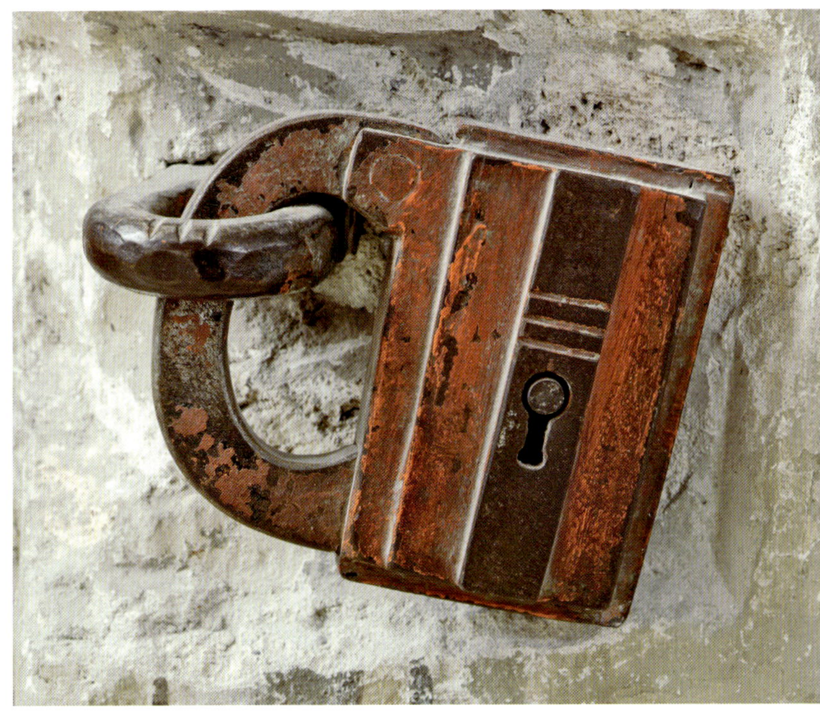

Kunstvolle Schlösser am Eingang zur Heiligen Kapelle

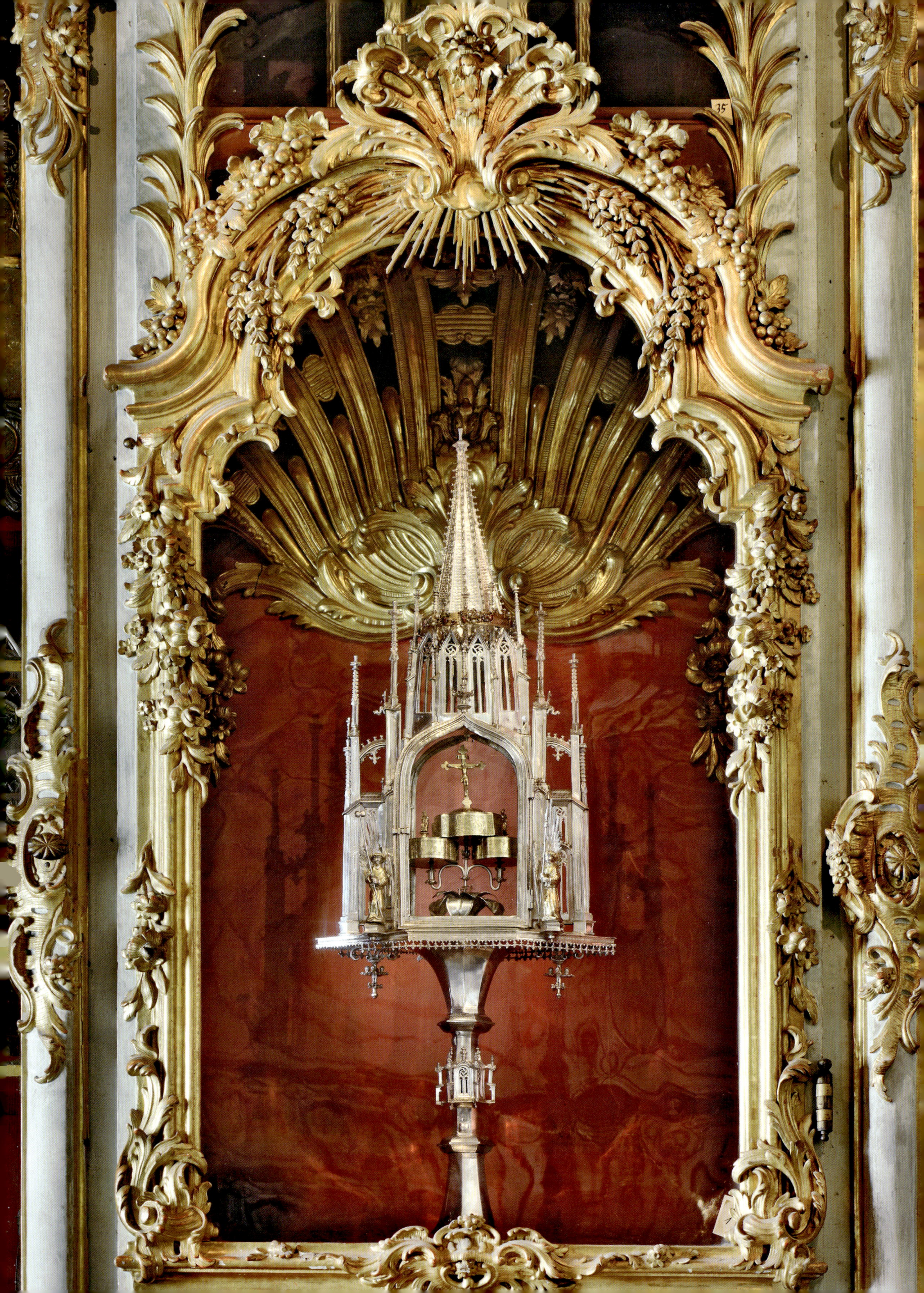
35

Die Dreihostienmonstranz – die Eucharistie als Mitte der Kirche

Wie aber kommt es zu diesen wundersamen Hostien, welche in Andechs seit jeher das Zentrum des Heiltumschatzes bilden? Nach der Überlieferung gehen zwei der drei Hostien auf Papst Gregor den Großen zurück, die dritte auf Papst Leo IX. Von beiden Päpsten sind Bilder in der Heiligen Kapelle zu sehen. Auch die vorderen Seitenaltäre zeigen in ihren oben angebrachten Medaillons diese großen Päpste der Kirchengeschichte. Ersterer habe in Rom die Heilige Messe gefeiert, an der auch eine spanische Prinzessin namens Elvira teilgenommen habe. Diese wiederum glaubte nicht daran, dass bei der Feier der Eucharistie Jesus Christus wirklich im Brot gegenwärtig sei. Daraufhin erschien auf einer Hostie ein blutendes Kreuz, auf einer anderen ein blutiger Finger – Hinweise darauf, dass es sich also um den lebendigen Leib des Herrn handle. Tief erschüttert über dieses zeichenhafte Wunder habe Papst Gregor die beiden Hostien aufbewahrt. Vierhundert Jahre später soll dem deutschen Reformpapst Leo IX. ähnliches widerfahren sein, als auf einer Hostie die ersten drei Buchstaben vom Namen Jesu „IHS" in Blut erschienen seien. Der Kaiser habe die drei Hostien dann nach Bamberg erbeten und von dort kamen sie dann über Bischof Otto († 1196), einen Andechser Grafensohn, auf die väterliche Burg.

Es wurde viel über die Echtheit dieser Geschichte geforscht, spekuliert und geschrieben. Jedenfalls tauchten 1388 mit dem Heiltumschatz drei Bluthostien auf. Kein Geringerer als Nikolaus von Kues (1401–1464), Kardinallegat des Papstes für Deutschland und die philosophische Koryphäe des 15. Jahrhundert, nahm sich der Sache an. Aufgrund seines kritischen Geistes war er dafür bekannt, dass er so manchen Wallfahrtsort auflöste, wenn dort die Echtheit der verehrten Gegenstände zu wünschen übrig ließ. Über den Abt von Tegernsee Kaspar Aindorfer (1426–1461), mit dem er freundschaftlich verbunden war und aus dessen Reformkonvent die ersten Mönche für Andechs kommen sollten, kam Nikolaus von Kues mit dem Stifter des Klosters Herzog Albrecht III. (1401–1460) in Kontakt. Zwei Mal habe er mit diesem den Heiligen Berg besucht und sich dabei auch ein Urteil über die Echtheit der verehrten Hostien gebildet. Es heißt, dass er lange vor dem Heiligen Sakrament kniete und dann zu dem salomonischen Urteil kam, dass die Hostien mehr echt als falsch seien. Der Kardinal war sich anscheinend alles andere als sicher. Daher verfügte er: Da man nicht wüsste, woher die Hostien wirklich kämen und ob sie aufgrund ihres Alters noch Brotsgestalt hätten, sei es notwendig, monatlich den drei alten Hostien eine bei der Messe frisch konsekrierte Hostie beizugeben, so dass die wahre Gegenwart Christi im Sakrament gesichert sei.

Dreihostienmonstranz im Rokokoschrein der Heiligen Kapelle

Was zunächst wie eine kluge Notlösung aussehen mag, hat einen tieferen theologischen Sinn. Letztlich kommt es nicht auf das Alter der Hostien an oder ob wirklich ein Blutwunder geschehen ist. Entscheidend ist der Glaube, dass das, was Jesus beim Abendmahl seinen Jüngern zusagt, auch für uns heute gilt: „Immer wenn ihr euch in meinem Geist zur Gedächtnisfeier des Abendmahles versammelt und dabei Brot und Wein miteinander teilt, bin ich in diesen Gaben mit meinem Leib und Blut mitten unter euch." Das ist das eigentliche Wunder. Aus diesem verbindenden Glauben, der von Generation zu Generation weitergegeben worden ist, bildet sich immer wieder neu Gemeinschaft der Glaubenden, baut sich Kirche auf.

Nichts anderes bringt die kostbare Dreihostienmonstranz künstlerisch zum Ausdruck. Wir sehen eine gotische Kathedrale, in deren Mitte drei Kapseln die Hostien bergen, die auf einer Blüte befestigt sind: Aus der Feier der Eucharistie heraus entsteht als Frucht die Kirche, was der Begriff

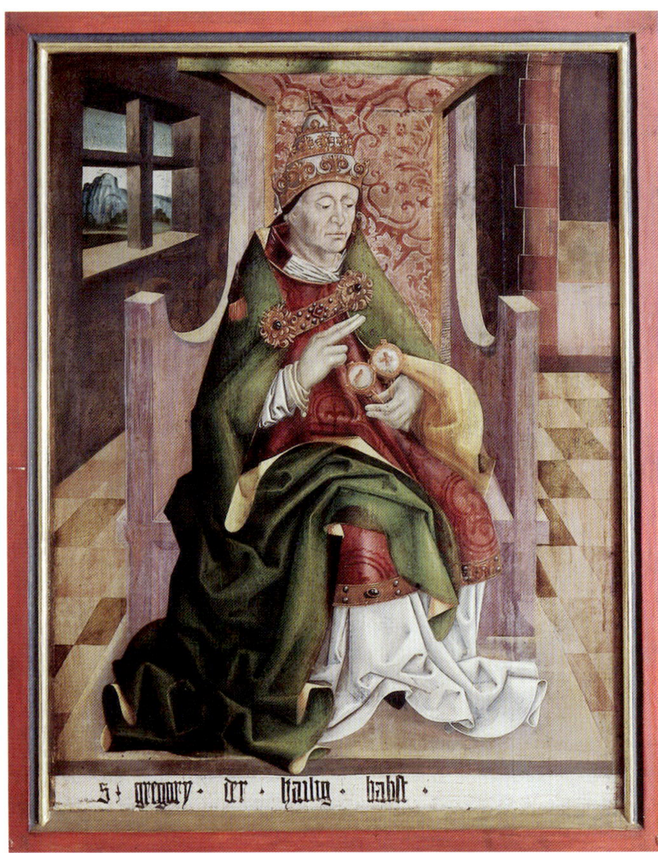

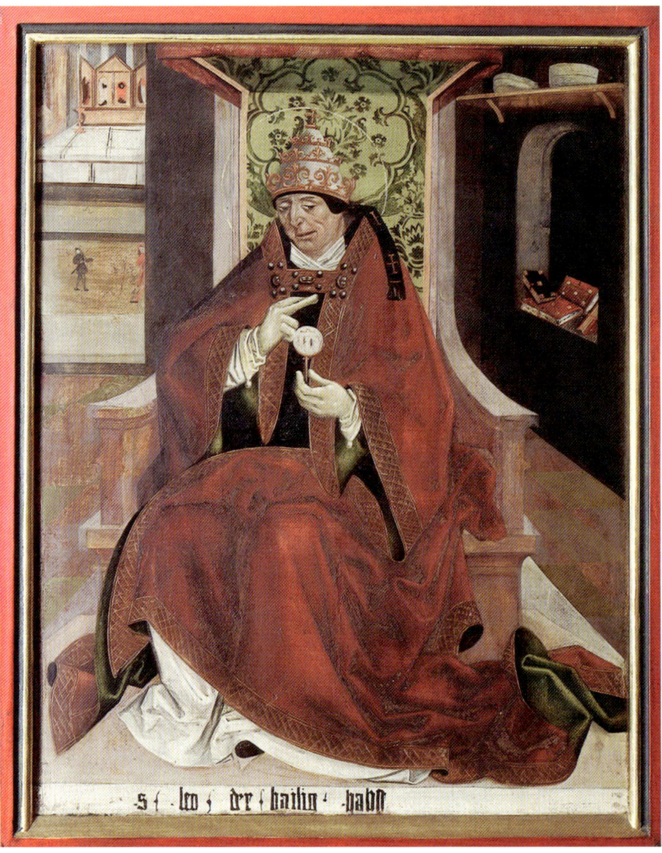

Teile des spätgotischen Heiltumsaltares von 1494: Papst Gregor der Große (links) und Papst Leo IX. (rechts) mit den Drei Heiligen Hostien

von seiner griechischen Herkunft beschreibt: Gemeinschaft derer, die daran glauben, dass Jesus der Kyrios, ihr Herr, ist!

Wahrscheinlich wurde die kostbare Monstranz um 1435 vom Münchener Goldschmied Isaak Melperger geschaffen. Die Monstranz wiegt ca. 8 kg und ist 101 cm hoch, so dass am Dreihostienfest, das einem Andechser Fronleichnamsfest gleichkommt und am vierten Sonntag nach Pfingsten gefeiert wird, beim Tragen derselben dem Zelebranten einiges an Kraft abverlangt wird.

Die Anordnung der Reliquien um die Dreihostienmonstranz, wie wir sie in der Heiligen Kapelle vorfinden, spiegelt in gewisser Weise den Andechser Heiligenhimmel wider, den Johann Baptist Zimmermann (1680–1758) zur Dreihundertjahrfeier 1755 als Deckenfresko über dem Hauptaltar der Wallfahrtskirche geschaffen hat. Der Himmel ist Gemeinschaft des Menschen mit Gott und mit allen Menschen, die zu ihm gehören. So sehen wir in der Mitte die Dreihostienmonstranz und um sie herum platziert die kunstvoll gewirkten Reliquiare mit den Erinnerungsstücken an die Heiligen. Besondere Verehrung genossen die Herrenreliquien wie das Spottzepter und Teile der Dornenkrone Jesu, die, wie schon erwähnt, über Agnes von Frankreich aus der Saint-Chapelle nach Andechs gekommen sein sollen. Auch das Siegeskreuz Karl des Großen († 814) war von großer Bedeutung. Dieses habe – so die fromme Legende – der Kaiser durch einen Engel überreicht bekommen. Über verschlungene Wege kam es nach Ungarn, so die Einträge im Andechser Missale, und von dort auf den Heiligen Berg.

Messe Papst Leos IX., Reste eines Altarflügels
um 1470 in der Heiligen Kapelle

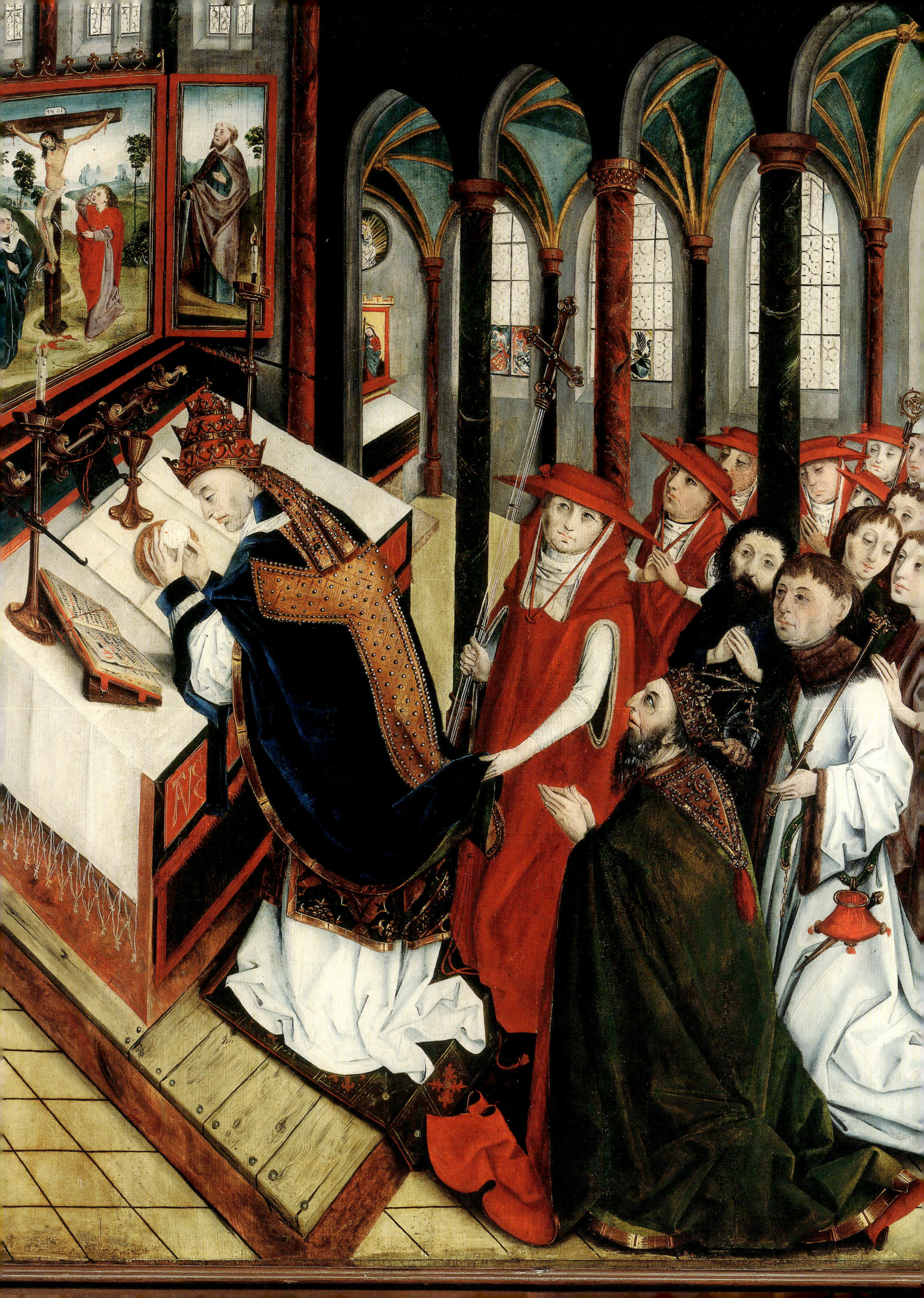

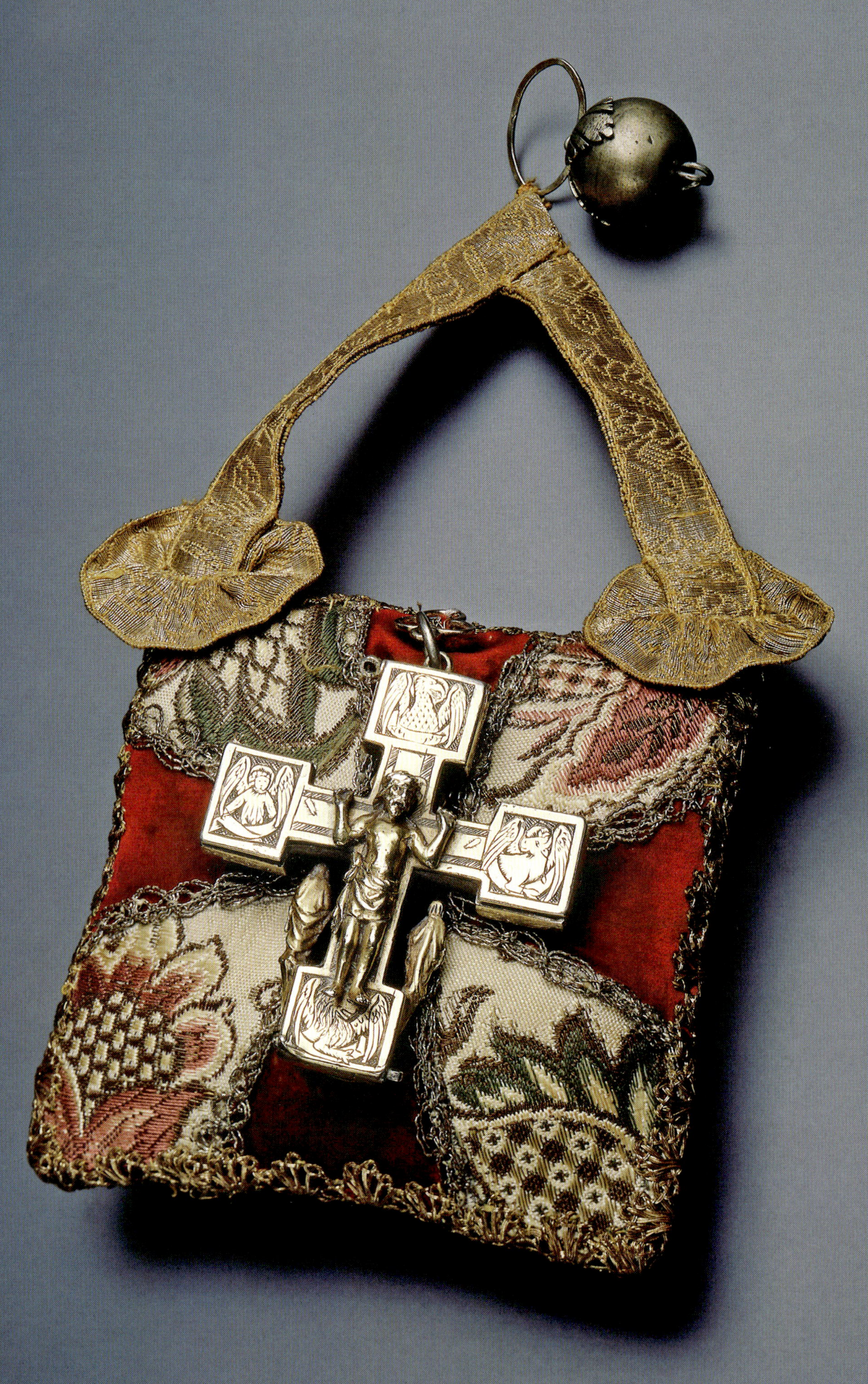

Das Brautkleid der hl. Elisabeth – ein Vermächtnis der Liebe

Besonders wertvoll ist das Brautkleid der hl. Elisabeth, das an der nördlichen Wand der Heiligen Kapelle angebracht ist. Faseruntersuchungen haben ergeben, dass dieser beigefarbene, damastartig gemusterte Seidenstoff aus dem 11./12. Jahrhundert stammt und aus Byzanz kommt. Es soll ursprünglich der Krönungsornat der Königin Gertrud von Ungarn gewesen sein, welchen dann deren Tochter, die hl. Elisabeth, als Brautkleid verwendete. Obwohl Elisabeth ihren Mann nicht auswählen konnte – sie wurde ja mit vier Jahren auf die Wartburg gebracht und mit Landgraf Ludwig verlobt – hat sie ihren Mann, mit dem sie aufwuchs, sehr geliebt. Leider dauerte die glückliche Ehe nur sechs Jahre, da Landgraf Ludwig auf dem Kreuzzug sein Leben ließ. Die junge Witwe, sie war gerade 19 Jahre alt, schenkte nun ihre ganze Liebe und Aufmerksamkeit den Kranken und Armen, in denen sie Christus erkannte. Für sie gründete sie in Marburg an der Lahn ein Spital, wo Elisabeth 24-jährig 1231 verstarb. An dieses kurze, von Liebe erfüllte Leben erinnert uns neben dem Brautkleid noch ein kostbares Brustkreuz.

Dieses Pektorale soll Papst Gregor IX. (1167–1241) der hl. Elisabeth haben zukommen lassen, als sie sich entschloss, ihr Leben ganz der Pflege der Armen zu widmen. Es zeigt auf der einen Seite den Gekreuzigten, wie er sein Leben am Kreuz hingibt. Auf der anderen Seite sehen wir den Auferstandenen, wie er vom Kreuz befreit die Hände zum Friedensgruß dem Betrachter entgegenstreckt. Die Botschaft ist eindeutig: Erst von der Auferstehung, d. h. vom Leben in Fülle ohne Begrenzung, bekommen das Leid, die Hingabe und der Tod ihren letzten Sinn. Hierfür steht das Kreuz: für das Leben, nicht für den Tod! Darauf weist ebenso der bemalte Deckel der Schatztruhe, in welcher die Reliquien verwahrt wurden. Wir sehen den Schmerzensmann und das Osterlamm als Symbol des Auferstandenen. Die Wiederauffindung des Schatzes wird zum Bild für Ostern, dem der Karfreitag vorausgegangen ist. Der Gekreuzigte, der wie ein verborgener Schatz ins Grab gelegt wurde, wird auferweckt und am Ostermorgen als Auferstandener von den Frauen und den Jüngern entdeckt. Das Leben, die Hoffnung hat den Tod besiegt.

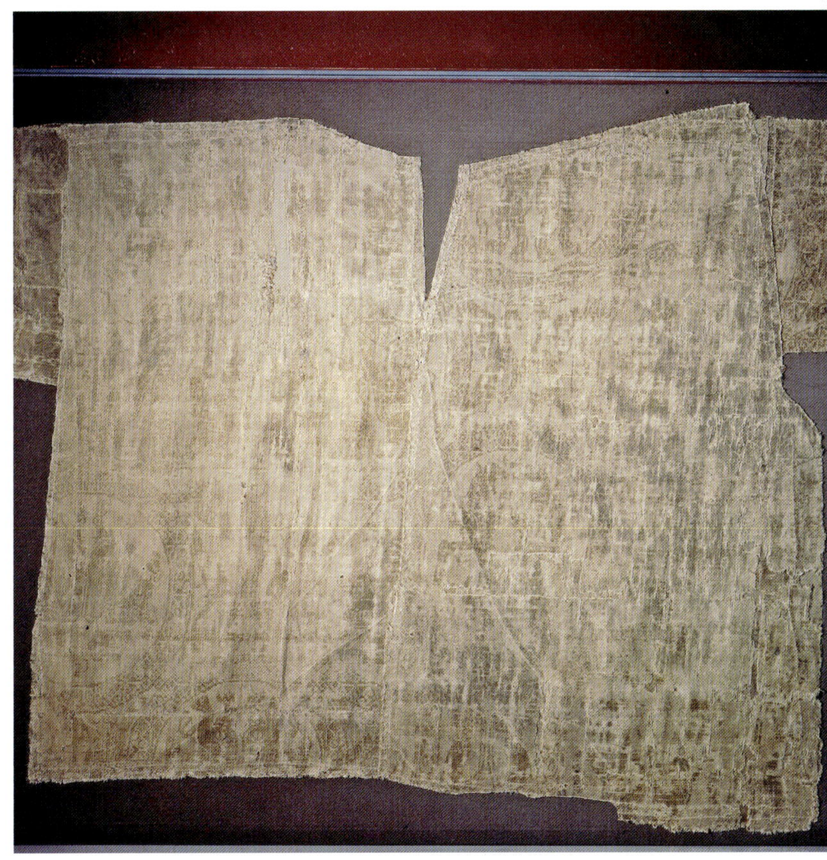

Brautkleid der hl. Elisabeth

Elisabethkreuz

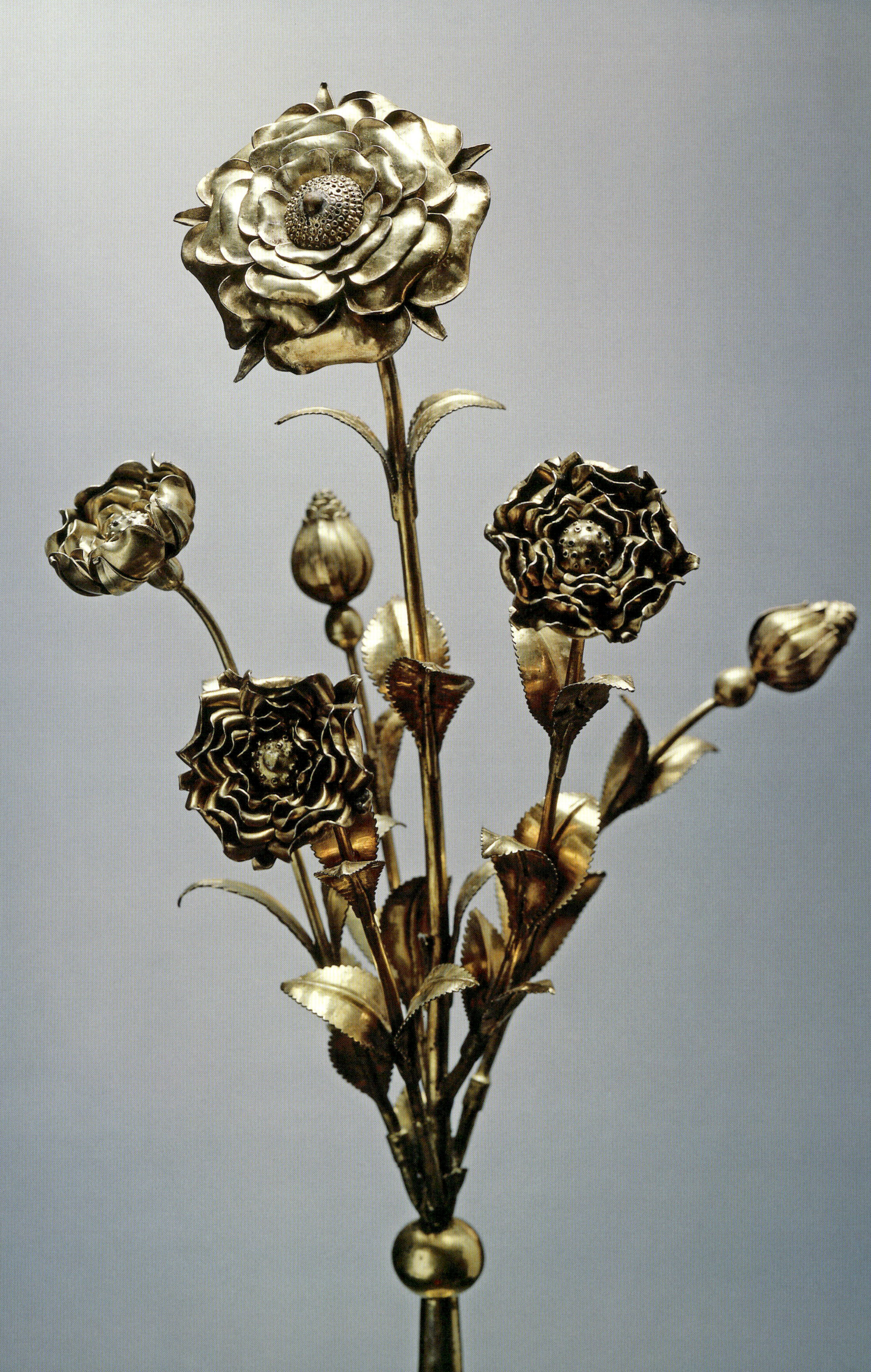

Herzog Albrecht III. und die Wittelsbacher – die Stifterfamilie des Klosters

Für die Wittelsbacher Familie war der Andechser Schatz immer etwas Besonderes. Daher überließ der Stifter des Klosters Herzog Albrecht III. als Zeichen seiner immerwährenden Verehrung dem Heiligtum eine goldene Rose, die er von Papst Nikolaus V. (1397–1455) als Ausdruck der Verbundenheit geschenkt bekommen hatte. Auch diese Andechser Rose, die als einzige der Geschenke des Stifters erhalten geblieben ist, wird in der Heiligen Kapelle verwahrt.

Die Heilige Kapelle ist gleichsam das Herzstück von Andechs. Ohne diese Heiltümer wäre keine Wallfahrt entstanden, ohne die Wallfahrt wäre kein Kloster gegründet worden, dessen erster Auftrag es bis heute ist, sich um die Wallfahrer zu kümmern.

Daher wird auch auf dem Heiligen Berg seit dem 15. Jahrhundert Starkbier gebraut. Ursprünglich durfte es nur in der Fastenzeit hergestellt werden, da das Flüssige das Fasten nicht bricht. Schließlich geht es beim religiösen Fasten in erster Linie nicht um das Abnehmen, sondern um das Bewusstmachen. Da nun der Fastende durch den Verzicht auf Fleisch, Eier, Wurst und andere feste Nahrung geschwächt war, sollte er seine Nährstoffe über das Getränk bekommen, d. h. über ein starkes Bier mit höherem Malzcharakter, das ausschließlich in der Fastenzeit ausgeschenkt wurde und darum bis heute gerne als „flüssiges Brot" bezeichnet wird. Selbstredend stellt jede Wallfahrt ein kräftezehrendes Unterfangen dar. Daher hatten die Andechser Mönche das Privileg, dieses Starkbier für die Wallfahrer das ganze Jahr über zu brauen.

Wallfahrt, Kloster, Brauerei und Gasthaus hängen aneinander aufgereiht wie die Perlen einer Kette. Freilich gilt es, auf die Reihenfolge zu achten, wie es viele Freunde des Heiligen Berges tun, indem sie zunächst die Kirche besuchen und sich dann erst im Bräustüberl stärken.

Goldene Rose, Geschenk des Papstes an den Klostergründer Herzog Albrecht III.

Es war wohl kein Zufall, dass Herzog Albrecht III. seine Stiftung den Benediktinern von Tegernsee anvertraute. Zunächst hatte sein Vater Herzog Ernst die Augustiner Chorherren zur Betreuung der Wallfahrt auf den Heiligen Berg geholt. Diese aber, so heißt es in der Andechser Chronik, wären wenig an der Betreuung der Wallfahrt interessiert gewesen und seien nur ein Mal jährlich auf den Heiligen Berg gekommen, um ihre Pfründe einzunehmen. Ob dies wirklich so gewesen ist, wissen wir nicht, da die Chronik nicht von den Chorherren, sondern von Benediktinern verfasst wurde.

In der Andechser Wallfahrtskirche erinnern zwei Gemälde an die Stiftung des Klosters. An der nördlichen Wand zum Kloster hin sehen wir, wie Albrecht III. von Papst Nikolaus V. die Genehmigung zur Stiftung von Andechs erwirkt und die goldene Rose erhält. Kardinal Kues hält die Drei Heiligen Hostien. Auf dem Gemälde an der gegenüberliegenden südlichen Wand, oberhalb der Sakristei, ist festgehalten, wie der Stifter die Urkunde den sieben schwarz gekleideten Benediktinern von Tegernsee überreicht, während er den weißgekleideten Chorherren den Rücken zuwendet.

Eigentlich ist Herzog Albrecht III. durch zwei Angelegenheiten in die bayerische Geschichte eingegangen und heute noch bekannt.

Zum einen verliebte er sich als junger Mann in eine bildhübsche Baderstochter aus Augsburg namens Agnes Bernauer. Diese heiratete er. Freilich war dies nicht standesgemäß und missfiel seinem Vater, so dass dieser seine Schwiegertochter der Hexerei bezichtigte und sie kurzerhand in der Donau bei Straubing ertränken ließ. Der große bayerische Komponist Carl Orff (1895–1982), der in der Schmerzhaften Kapelle der Wallfahrtskirche seine letzte Ruhestätte fand, hat der Bernauerin ein beeindruckendes Bühnenstück gewidmet, das einem bayerischen Mysterienspiel gleichkommt. Es war ausdrücklicher Wunsch dieses bedeutenden bayerischen Komponisten,

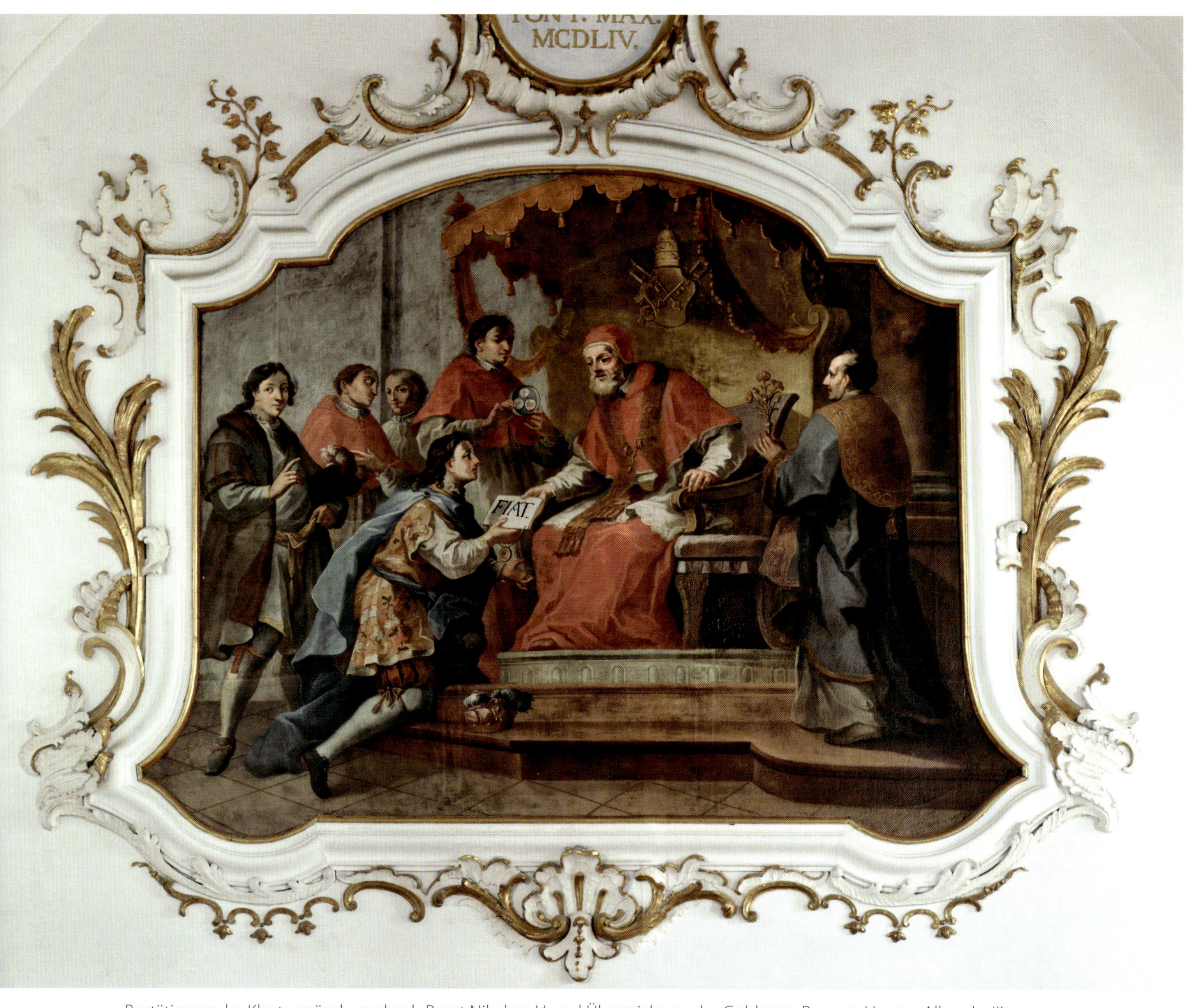

Bestätigung der Klostergründung durch Papst Nikolaus V. und Überreichung der Goldenen Rose an Herzog Albrecht III.

in der Wallfahrtskirche beerdigt zu werden. Die Besucher seines Grabes, so sein Anliegen, sollten sehen, wo er zu Hause war: in der Kirche. Die jährlichen Carl Orff-Festspiele, die das Kloster veranstaltet, halten sein Werk lebendig.

Zum anderen gründete Herzog Albrecht III. mit sieben Mönchen aus dem altbayerischen Kloster Tegernsee, dessen Wurzeln in das 8. Jahrhundert zurückreichen, Andechs als die Abtei Heiligenberg. Vielleicht spielte dabei auch ein Sühnegedanke eine Rolle.

Zunächst war der Tegernseer Abt von der Idee, ein Wallfahrtskloster zu gründen, nicht gerade begeistert. Schließlich hatten sich die Tegernseer Mönche der Melker Reformbewegung angeschlossen. Dies bedeutete, sich wieder neu auf das monastische Ideal in Abgeschiedenheit zu konzentrieren und alle Außentätigkeiten auf ein Minimum zu reduzieren. Es war wiederum Nikolaus von Kues, der vermittelnd wirkte, mit dem Vorschlag, dass die Heiligtümer nur ein bis zwei Mal jährlich dem gläubigen Volk gezeigt werden dürften. An diesen Tagen hätten dann die Mönche eben die Aufgabe, sich um die Wallfahrer zu kümmern, und an den übrigen Tagen des Jahres könnten sie in aller Ruhe und Abgeschiedenheit dem klösterlichen Leben nachgehen. Der Tegernseer Abt ließ sich auf den Vorschlag des Freundes ein. So kamen am Georgstag 1455, dem 23. April, die ersten sieben Mönche auf den Heiligen Berg. Freilich ließ sich das gläubige Volk nicht auf den Vorschlag der zweimaligen Reliquienschau ein, sondern

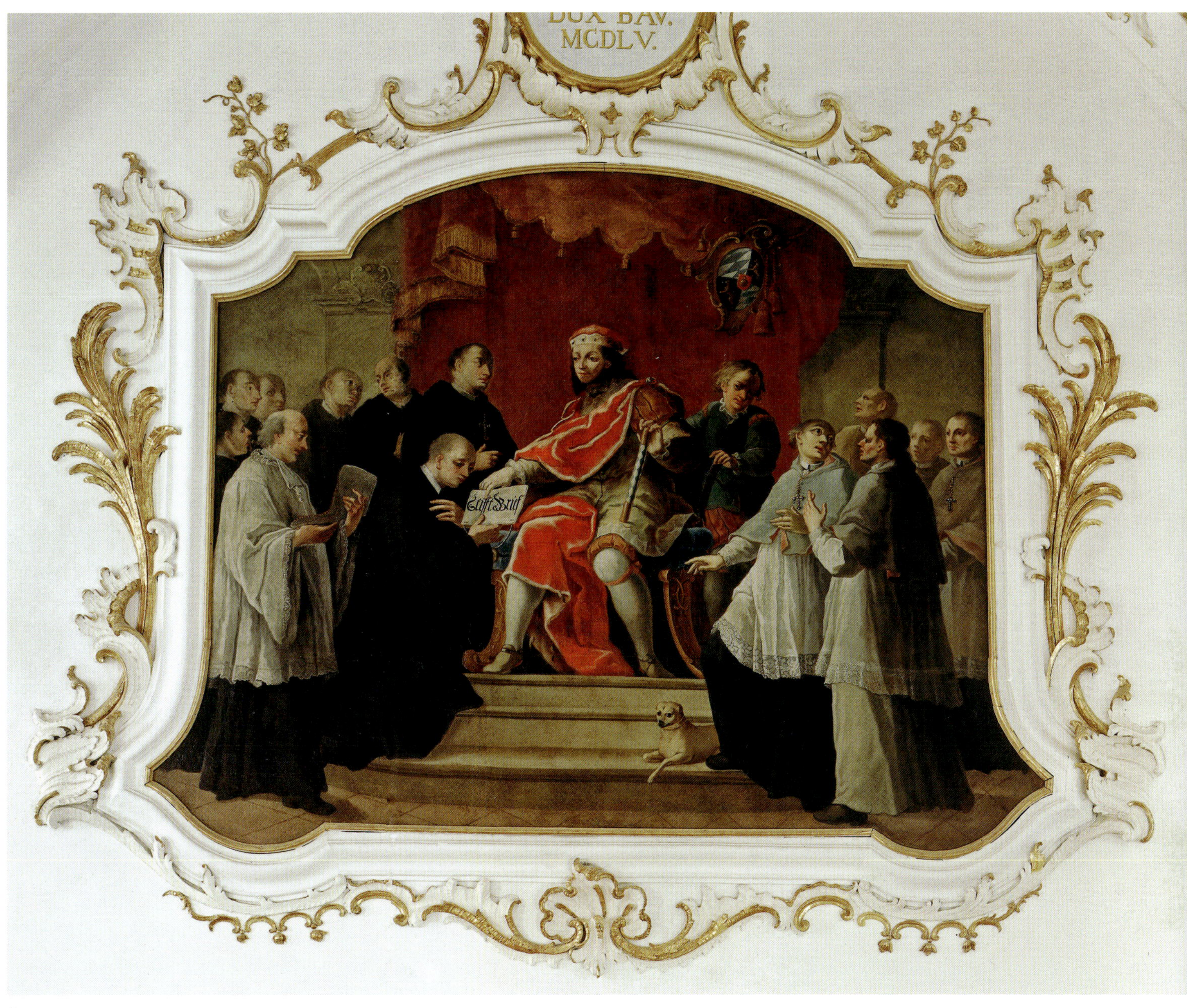

Übergabe der Stiftungsurkunde für Andechs an die Benediktiner durch Herzog Albrecht III.

begehrte danach, die Heiltümer öfter zu sehen. So gab es bald Pläne, das Andechser Kloster wieder aufzulösen. Drei Jahre nach der Gründung war der Konvent durch Eintritte aber inzwischen so erstarkt, dass er 1458 mit Eberhard Stöcklin († 1462) seinen ersten Abt wählen konnte und als „Abtei Heiligenberg“ nunmehr unabhängig von Tegernsee wurde.

Herzog Albrecht III., dessen Stuckbüste in der ewigen Anbetung am nordöstlichen Übergang der Wallfahrtskirche in den Fürstentrakt zu sehen ist, blieb zeit seines Lebens mit seiner Stiftung eng verbunden und ließ sich, als er am 29. Februar 1460 verstarb, in der Wallfahrtskirche zusammen mit seiner zweiten Gemahlin sowie zweien seiner Söhne bestatten. Eine schlichte Grabplatte zwischen den beiden vorderen Seitenaltären weist auf die Gruft hin, in welcher die Stifterfamilie ihre letzte Ruhe fand.

Diese Ruhe wurde während der Säkularisation empfindlich gestört, als der kurfürstliche Kommissär sogar die Gruft öffnen lies. Die goldene Halskette, die der Stifter trug, wurde diesem so eilends heruntergerissen, dass sich der Schädel vom Skelett getrennt habe.

Wiederum war es ein Wittelsbacher, König Ludwig I. (1786–1868), der Söhne des hl. Benedikt auf den Heiligen Berg holte. Nachdem er an verschiedenen Stätten in Bayern Klöster neu errichtet hatte, wollte er auch in seiner Haupt- und Residenzstadt München eine Benediktinerabtei gründen, die er unter das Patronat des hl. Bonifatius stellte. Diese Neugründung in der heutigen Maxvorstadt

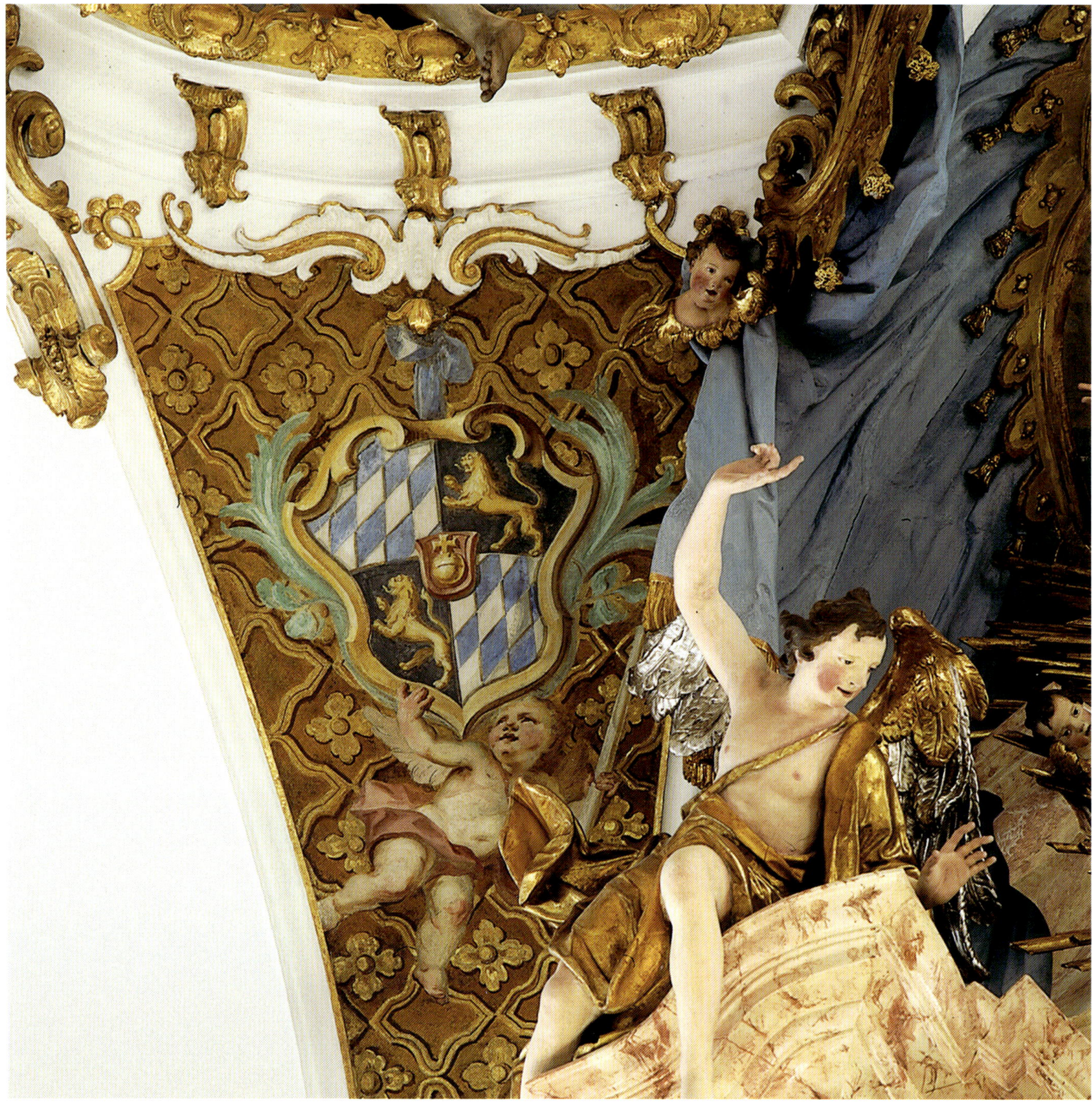

Detail vom oberen Hochaltar mit dem bayerischen Wappen

benötigte freilich eine wirtschaftliche Grundlage, so dass der königliche Stifter aus seinen privaten Mitteln das Kloster Andechs kaufte und der Abtei St. Bonifaz schenkte. So kommt es, dass Kloster Andechs heute keine selbstständige Abtei mehr ist und unsere klösterliche Gemeinschaft in München und Andechs also an zwei Orten lebt und wirkt.

König Ludwig I., der übrigens ebenso wie Albrecht III. an einem 29. Februar verstarb, ließ sich zusammen mit seiner Gattin Therese in der Basilika von St. Bonifaz bestatten, so dass beide Stifter in unseren Kirchen ruhen. Bis heute fühlt sich das Haus Wittelsbach mit dem Andechser Kloster eng verbunden. Seit gut drei Jahrzehnten dient ein schöner Friedhof, der an den Klostergarten angrenzt, der Stifterfamilie als aktuelle Grablege. Freilich gibt es Gott sei Dank auch viele freudige Anlässe wie Taufen, Hochzeiten, Jubiläen etc., so dass der freundschaftliche Kontakt mit unserer Stifterfamilie auch in glücklichen Ereignissen des Lebens gepflegt wird.

Herzog Albrecht III. als Pilger

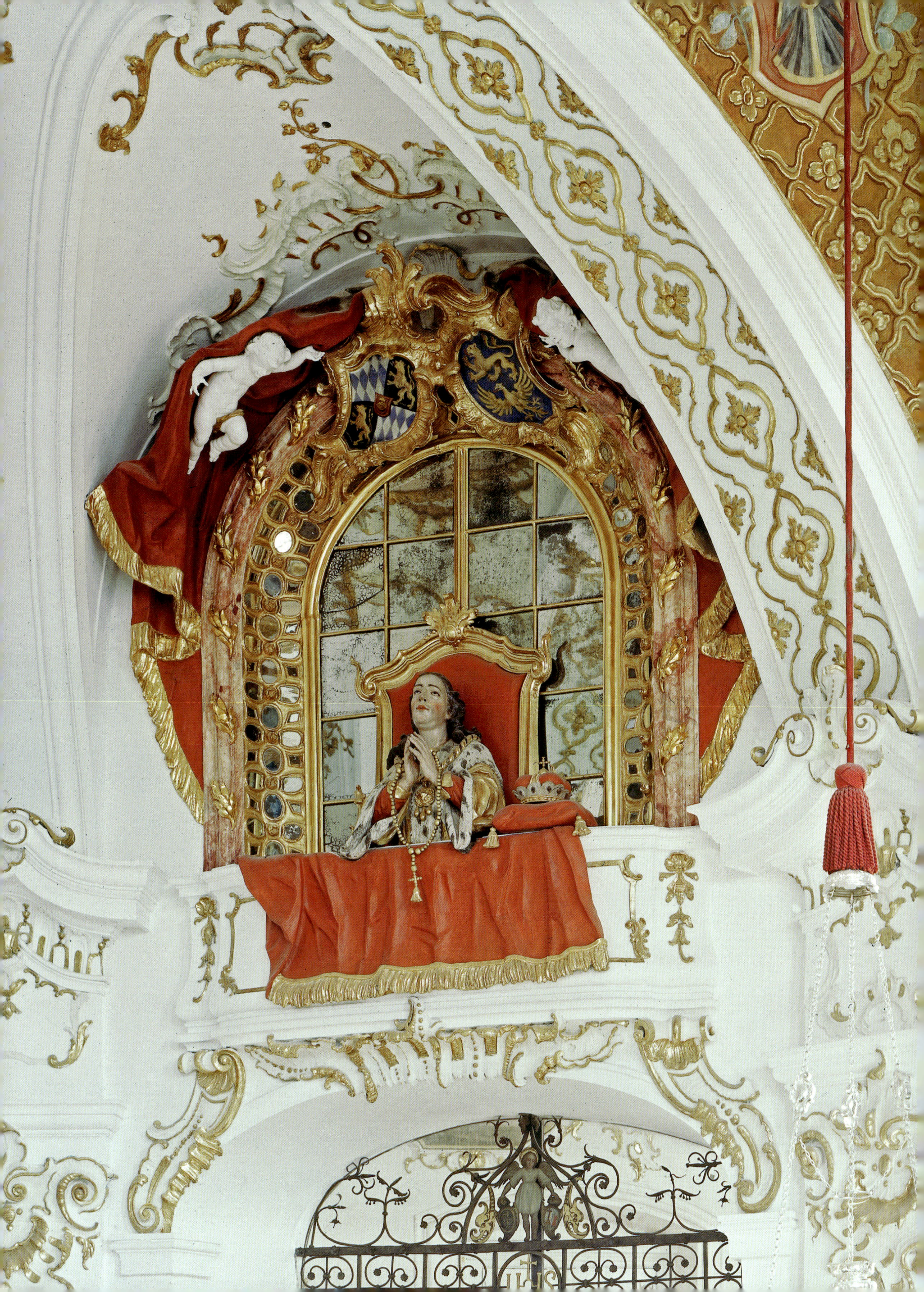

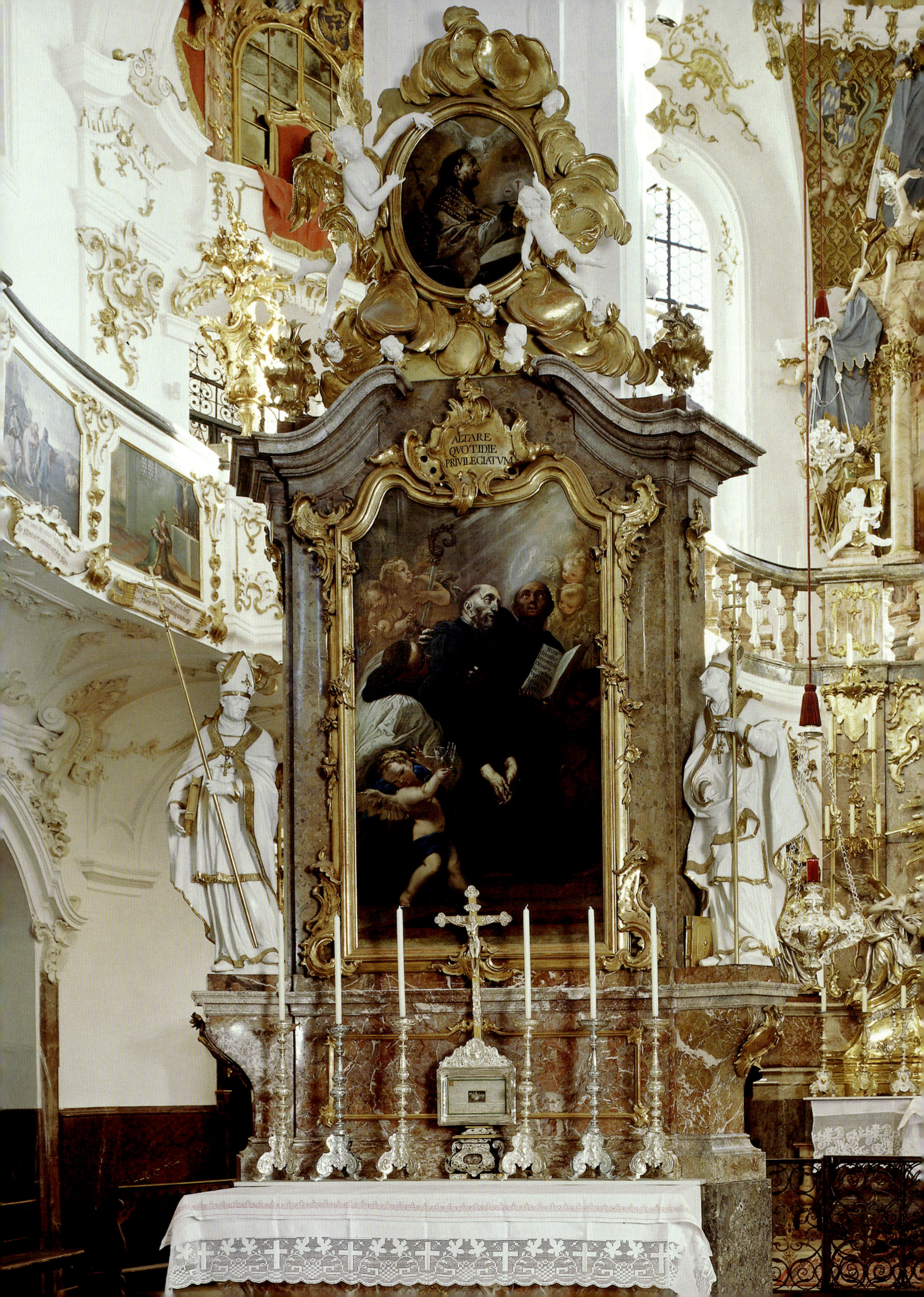
ALTARE
QVOTIDIE
PRIVILEGIATVM

Der heilige Benedikt – Vorbild und Vater der Mönche

Dass es sich in Andechs um ein Benediktinerkloster handelt, lässt sich leicht auch am Bildprogramm der vier Seitenaltäre erkennen, die von Johann Baptist Straub gebaut wurden und mit Bildern von Elias Greiter d. J. aus dem Jahr 1615 (die hinteren beiden Seitenaltäre) und von Andreas Wolf aus dem Jahr 1703 (die vorderen Seitenaltäre) geschmückt wurden. Während der vordere, rechte Seitenaltar an den Ahnherrn des Andechser Grafengeschlechts erinnert, den seligen Rasso, ist der linke vordere Seitenaltar dem hl. Benedikt, also dem Ahnherrn und Vater des abendländischen Mönchtums, geweiht.

Als junger Mann aus vornehmer Familie stammend wurde er zum Studium nach Rom geschickt, um sich dort für seine späteren Aufgaben zu qualifizieren. Angesichts des zügellosen Stadtlebens der ausgehenden Antike, entschloss sich Benedikt, einen anderen Weg einzuschlagen. So lässt er Rom, seine Familie, sein Studium und alle Sicherheiten hinter sich und geht in die Bergeinsamkeit von Subiaco, südöstlich von Rom gelegen, um dort Gott allein zu suchen. Drei Jahre habe er dort in einer Höhle gelebt, weiß sein Hagiograph Papst Gregor der Große zu berichten. Schließlich wird sein Einsiedlerleben in der Gegend bekannt und die Mönche eines benachbarten Klosters in Vicovaro, deren Abt gestorben war, wählen ihn zu dessen Nachfolger. Nur mit Widerwillen nimmt Benedikt diesen Auftrag an, und es heißt, dass unter seiner Führung die Mönche weder nach links noch nach rechts ausweichen konnten. Ihre Verkehrtheit stieß sich an der Geradheit des jungen Abtes. Anscheinend hatten die Mönche nicht den Mut, ihren Unmut offen zu äußern. So mischten sie ihrem Abt Gift in den Wein, welchen sie ihm zum Mittagstisch reichten. Der vergiftete Wein im Becher, den es hintergründiger zu deuten gilt, ist ein ausdrucksstarkes Bild gleichsam für die vergiftete Atmosphäre dieser Gemeinschaft. Wir kennen solche Situationen, wenn nur versteckt Kritik hinter dem Rücken geübt und hinter vorgehaltener Hand Stimmung gemacht wird. „Male-dicere" – „Schlechtreden" nennt es das Lateinische.

Benedikt dagegen tut das, was sein Name besagt: Er redet Gutes („bene-dicere" – „segnen"). Er segnet den Becher mit dem vergifteten Wein. Dieser zerbricht und eine Schlange, Symbol für das verborgene Gift, kriecht heraus. Die Wahrheit wird ausgesprochen, bringt das versteckte Böse zum Vorschein. Es kommt also zum Bruch zwischen Abt und Gemeinschaft, und Benedikt begibt sich wieder in seine geliebte Einsamkeit.

Wenn wir das Altarbild des Benediktsaltars betrachten, dann entdecken wir an der linken unteren Seite einen Putto, der ein zerbrochenes Glas in Händen hält, aus dem eine Schlange kriecht. Zwar hält der Engel abwehrend die Hand dagegen und wendet sich schützend ab. Doch mag das alles eine tröstliche Botschaft sein: Manchmal muss in unserem Leben etwas zu Bruch gehen, damit etwas Lebensbedrohendes sichtbar und ein Neuanfang möglich wird.

Für Benedikt werden in seiner Biographie die Bruchstellen zu Aufbruchstellen, zu neuen Lebensorten. So gründet er zunächst in Subiaco erste Klöster, aber als es dort mit dem ortsansässigen Klerus zum Bruch kommt – ein Balkon stürzt ein –, macht sich Benedikt wiederum auf den Weg und gründet auf dem Monte Cassino sein Kloster.

Der Berg als Begegnungsort zwischen Gott und Mensch wird so zum bevorzugten Ort der Benediktiner. Schließlich sind es in der Bibel immer wieder Berge, wo der Mensch Gott nahe kommt: der Horeb, der Sinai, der Zionsberg, der Berg der Verklärung, der Berg der Himmelfahrt, um nur einige von ihnen zu nennen. Aber auch bei der Gründung von Monte Cassino muss etwas zu Bruch gehen.

Altar des hl. Benedikt

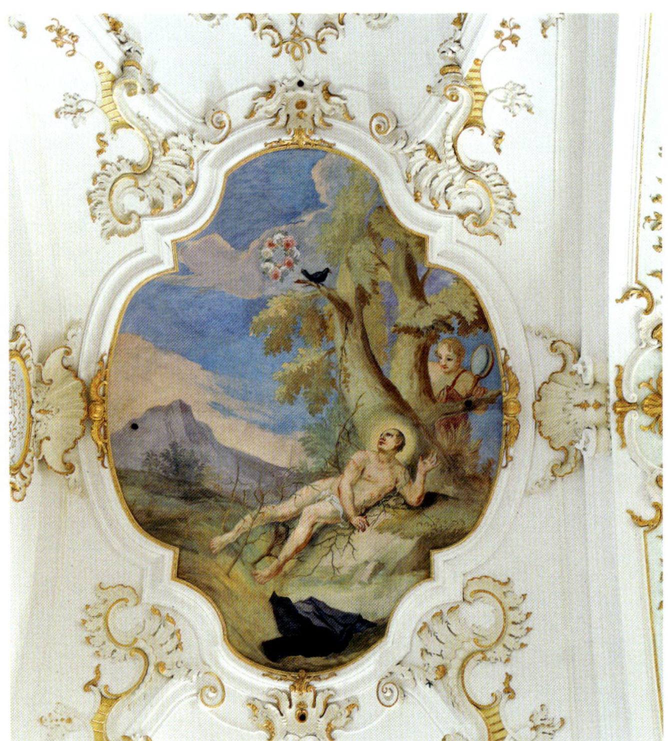

Fresko über dem Benediktsaltar: Der Heilige wälzt sich zur Abwehr einer Versuchung in Dornen

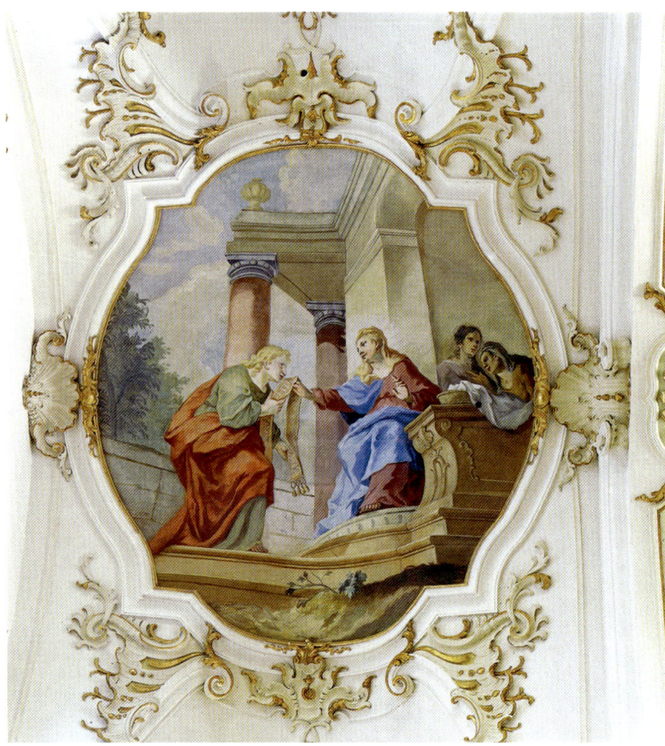

Fresko über dem Johannesaltar: Der Lieblingsjünger Jesu Johannes erhält von Maria eine Stola (Reliquie in Andechs)

Benedikt zerstört dort ein heidnisches Heiligtum, das Apollo, dem Gott des Lichtes, geweiht war, und errichtet an dessen Stelle eine Kapelle zu Ehren Johannes des Täufers. Er, der Prophet, der in die Wüste ging, um sich auf die Ankunft des Messias vorzubereiten, und dann seine Freunde auf Jesus als das wahre Licht verweist, wird zum Vorbild für die Mönche. Daher finden wir in vielen Benediktinerkirchen einen Altar, der Johannes dem Täufer, dem Eremiten in der Wüste, geweiht ist.

In der Andechser Wallfahrtskirche ist es der hintere, linke Seitenaltar. Wir sehen, wie sich Jesus von Johannes im Jordan taufen lässt, wie sich dabei der Himmel öffnet und göttliches Licht einbricht. Wie der Täufer so sollen auch die Mönche durch ihren Rückzug aus den gängigen Lebensformen sowie durch ihr Wirken mit ihrer ganzen Existenz auf Jesus, das wahre Licht der Welt, verweisen. Der Himmel soll sich dadurch den Menschen öffnen.

Daher bauten Benedikt und später in allen Jahrhunderten seine Söhne Klöster auf Bergen, weithin sichtbar. Auf dem Monte Cassino schreibt Benedikt schließlich seine Regel, die bis heute Richtschnur jeder benediktinischen Gemeinschaft ist. Durch ihre bleibende Weisheit sowie in maßvoller Unterscheidung und guter Menschenkenntnis ist sie nicht nur für uns Mönche Maßstab, sondern birgt einen reichen Schatz, so dass christliche Lebensgestaltung glücken kann.

In Gottes Haus stehend, so berichtet Papst Gregor, stirbt Benedikt schließlich im Kreis seiner Mitbrüder. Dabei wird er von denen liebevoll gestützt, die er ein Leben lang selbst in seinem Führungsdienst getragen hat. Der Tod Benedikts, wie es unser Altarbild zeigt, stimmt den Betrachter nachdenklich. Eigentlich verdrängen wir gerne das Sterben. Hier werden wir damit konfrontiert. Wir sehen, wie Benedikt umgeben von zwei Brüdern in sich zusammensackt, und die Seele, dargestellt als lichtvolle, kleine Gestalt, in den Himmel schwebt. Ein Putto hält dem Sterbenden ein Buch hin, in dem das kirchliche Abendgebet „Nunc dimittis", der Lobgesang des greisen Simeon, zu lesen ist, den wir jeden Abend im Nachtgebet singen. „Nun lässt Du, Herr, Deinen Knecht, wie Du gesagt hast in Frieden scheiden" (Lk 2,29–32). Zum einen erinnert das Gemälde daran, dass der Tod jedem von uns sicher ist und dass die Verheutigung des Todes, wie sie Benedikt in seiner Regel uns Mönchen ans Herz legt, das Leben im Hier und Jetzt kostbar macht. Zum anderen verweist das Bild darauf, dass wir uns gegenseitig stützen sollen, gerade dann, wenn wir uns schwach und hilflos fühlen und unser Leben an Grenzen geführt wird.

Seite 64/65: Innenansicht der Wallfahrtskirche

Altar des hl. Johannes des Täufers

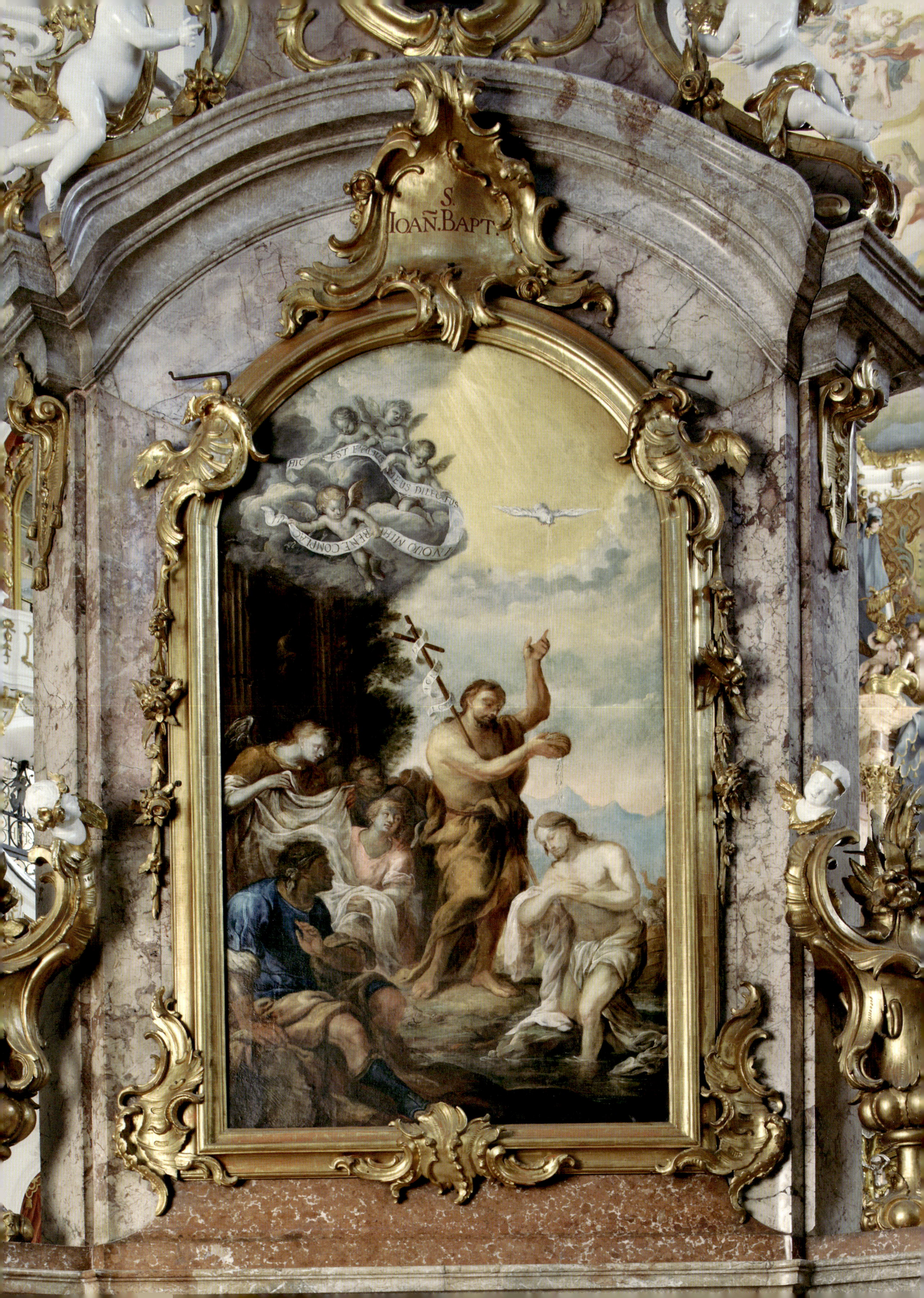
S.
IOAÑ.BAPT.
HIC EST

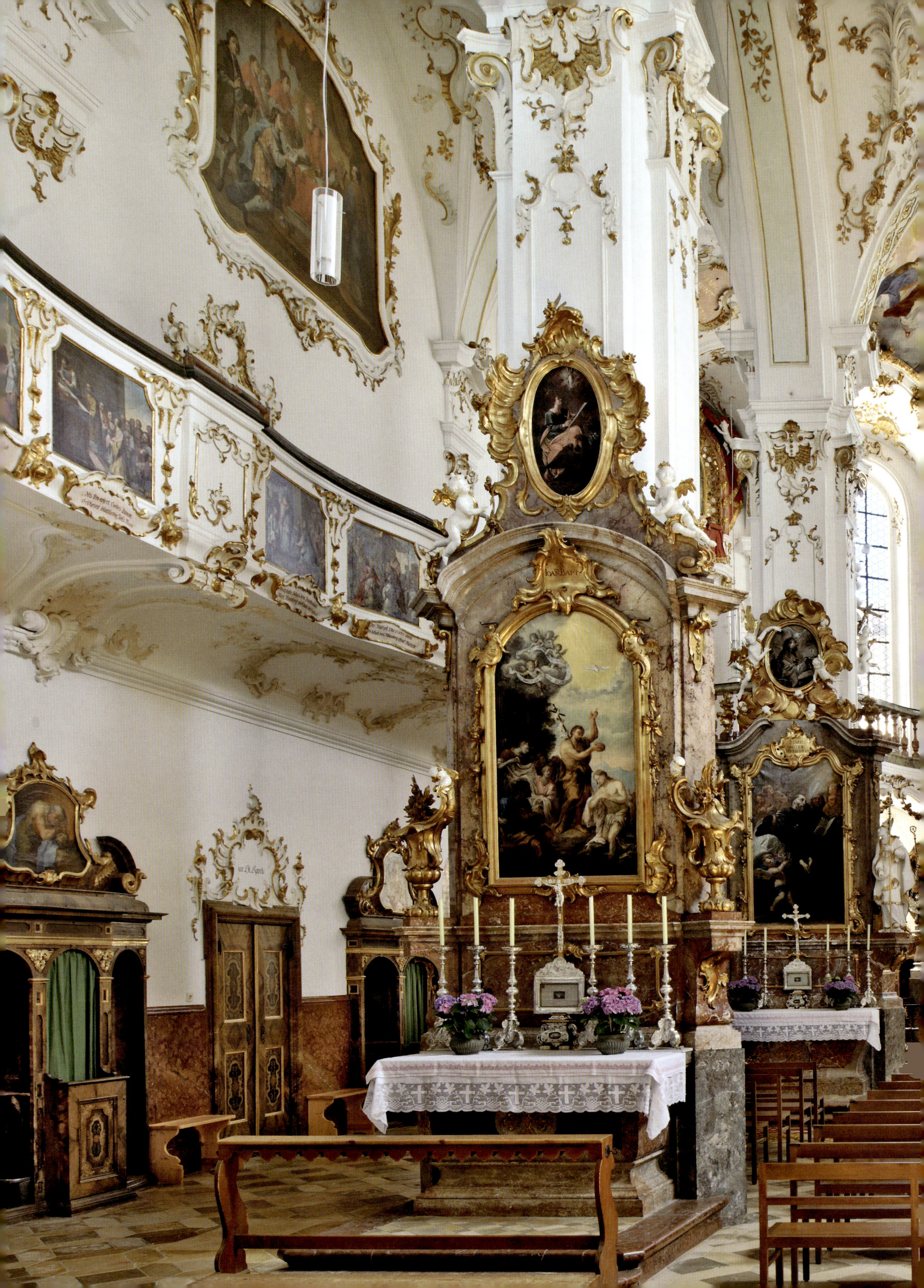

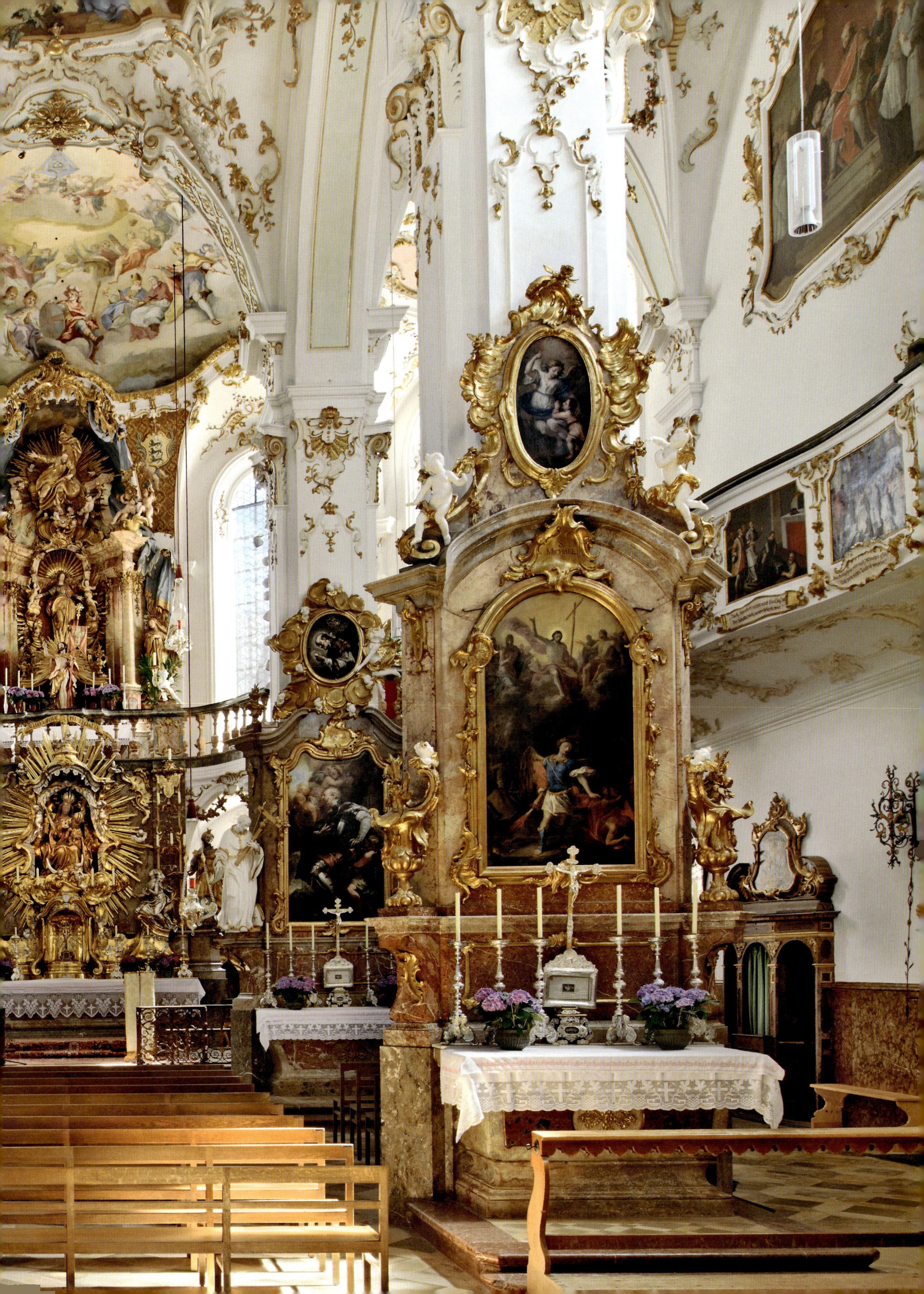
MICHAEL

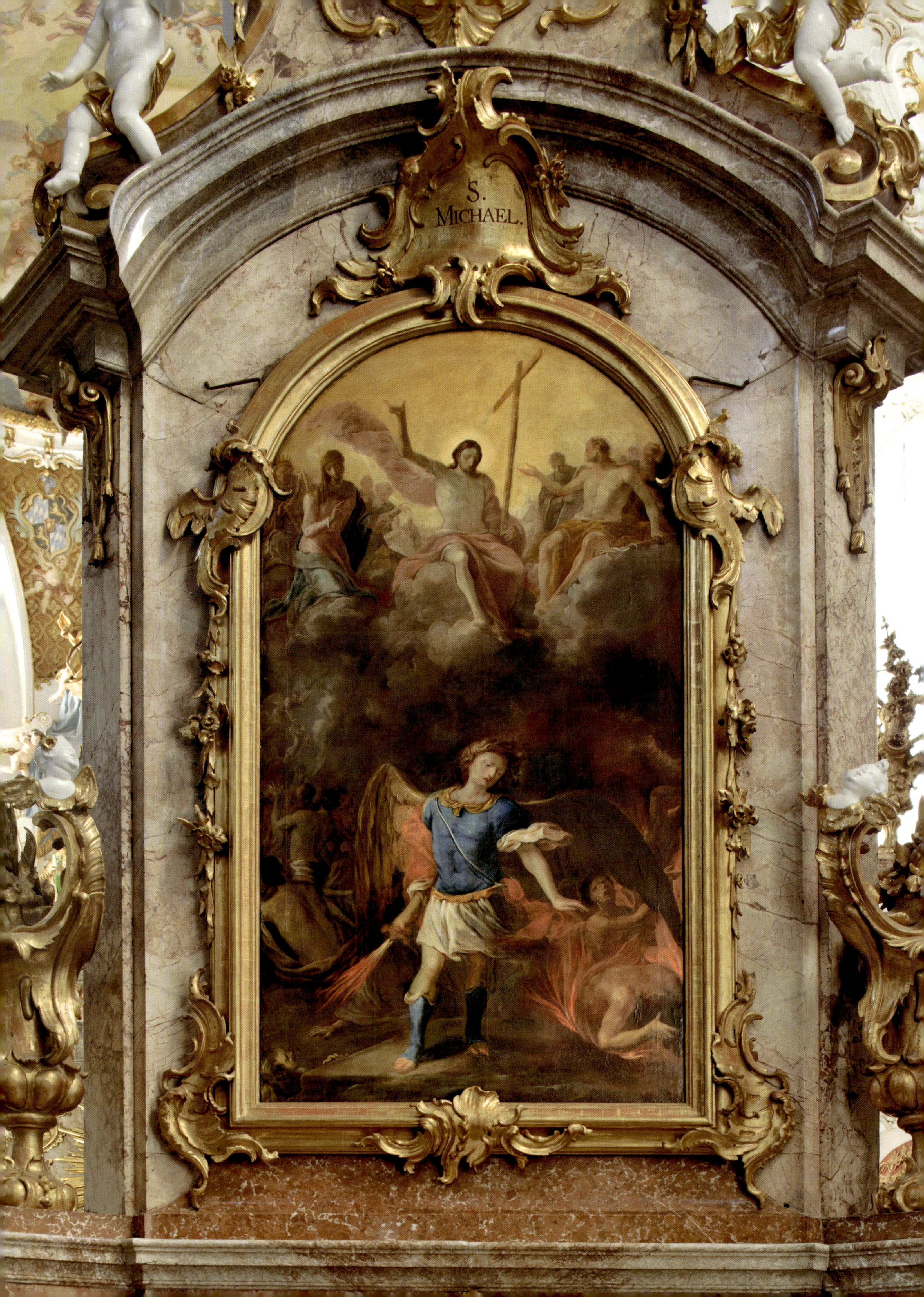
S.
MICHAEL.

Die Schutzengel – Patrone der Bayerischen Benediktinerkongregation

Eigentlich war genau dies das Grundanliegen, warum sich einzelne Mönche zu Gemeinschaften zusammenschlossen. Die Eremiten, die allein in der Wüste als Aussteiger lebten, erfuhren, wie gefahrvoll sie doch auf sich selbst gestellt waren und wie hilfreich es ist, andere Gesinnungsgenossen zur Seite zu haben, um sich in Gebet und Arbeit gegenseitig zu stützen. So entstanden die ersten klösterlichen Verbände. Freilich ist das einzelne Kloster durch Routine und Alltag nicht vor Missständen gefeit. Die Ordensgeschichte ist immer wieder eine Geschichte von Niedergang und erneuter Reform. Daher schlossen sich schon im hohen Mittelalter ursprünglich selbstständige Abteien zu sogenannten Kongregationen zusammen, um sich gegenseitig besser unterstützen zu können.

Häufig waren die Bischöfe gegen solche Zusammenschlüsse, weil sie darin eine Schmälerung ihrer Macht und ihres Einflusses auf das Innenleben der Klöster sahen. Als sich nach dem Konzil von Trient (1545–1563) auch die bayerischen Benediktiner zu einer Kongregation zusammenschließen wollten und der Andechser Abt Michael Einslin (1610–1640) sich dafür besonders engagierte, war dies dem Augsburger Bischof, zu dessen Bistum der Heilige Berg bis heute gehört, ein Dorn im Auge. Kurzerhand lud er den Andechser Prälaten in die Bischofsstadt ein und forderte ihn auf, von der Bildung einer unabhängigen Kongregation Abstand zu nehmen. Als sich Abt Michael davon nicht überzeugen ließ, die Kongregationspläne ad acta zu legen, wurde er für drei Tage vom Augsburger Bischof inhaftiert. Erst auf Drängen des Kurfürsten kam es dann zu seiner Freilassung.

1684 konnte dann schließlich die Bayerische Benediktinerkongregation von Papst Innozenz XI. (1676–1689) errichtet und unter das Patronat der hll. Schutzengel gestellt werden. Der hintere, rechte Seitenaltar, der dem Erzengel Michael geweiht ist und im Medaillon einen Schutzengel zeigt, erinnert uns an die Patrone unserer Kongregation.

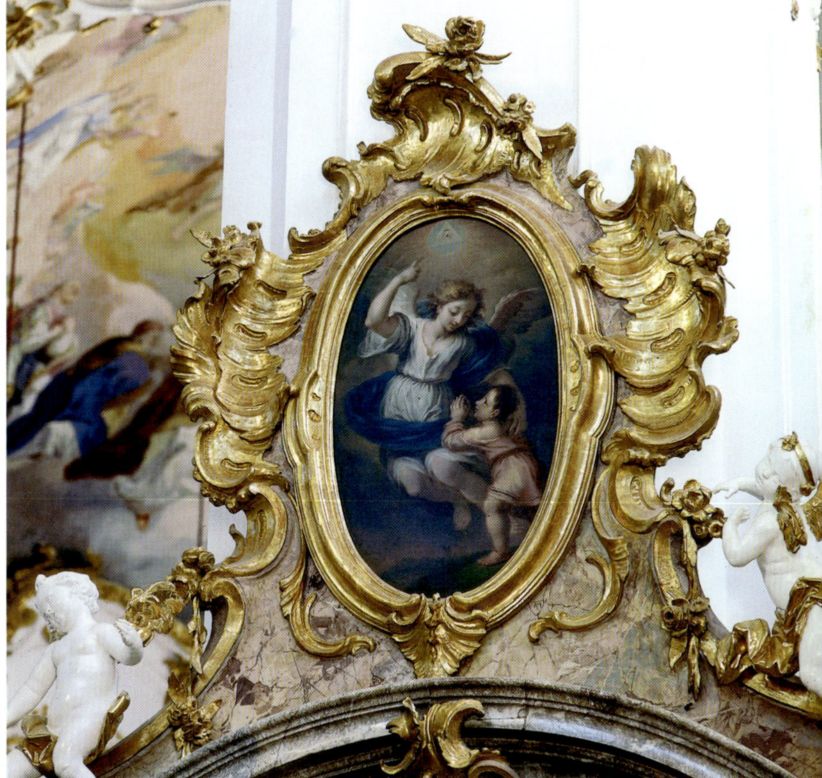

Medaillon im Aufsatz des Michaelsaltares: Schutzengel

Benediktiner und Bayern gehören zusammen, wie ein schönes lateinisches Distichon zum Ausdruck bring: „Bavaria terra benedicta, quia est benedictina – Bayern ist ein gesegnetes Land, weil es ein benedikitinisches ist". Freilich lässt sich das auch auf unseren Kontinent übertragen, zu dessen Patron der hl. Benedikt durch Papst Paul VI. († 1978) ernannt wurde.

Altar des Erzengels Michael

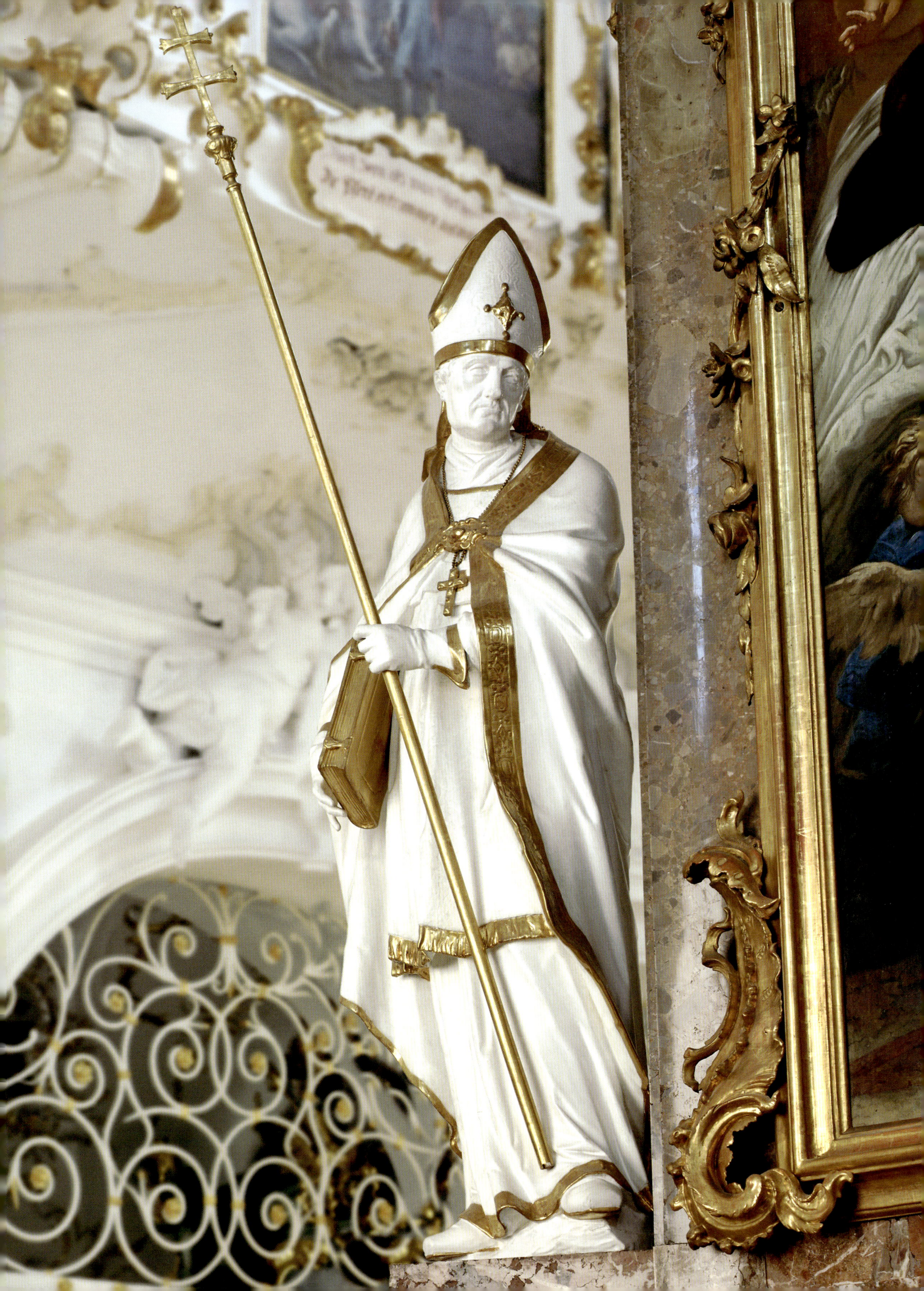

Dass Europa in weiten Teilen zutiefst durch die Klöster Benedikts geprägt worden ist, daran erinnern auch die vier Assistenzfiguren der beiden vorderen Seitenaltäre. Sie wurden von Johann Baptist Straub geschaffen und zeigen die europäische Dimension benediktinischen Mönchtums. Während am Benediktsaltar Ildefons von Toledo († 667) für den Süden und Westen des Kontinents steht, repräsentiert der große benediktinische Gelehrte Anselm von Canterbury († 1109) den Norden. Am Rassoaltar sehen wir Bernhard von Clairvaux († 1153) sowie Hermann den Lahmen († 1054) von der Reichenau. Beide stehen für die Mitte des Kontinents, Bernhard selbstredend auch für den Osten, wenn man an die vielen zisterziensischen Klostergründungen in Osteuropa denkt, die zugleich eine benediktinische Reformbewegung darstellen.

Alle zusammen werden als die „vier Kapläne Mariens" tituliert und verweisen darauf, wie sich Wissenschaft und Forschung, Predigt und Dichtung in der Arbeit der Mönche verbinden und auf dem Heiligen Berg gepflegt worden sind.

Ebenso verdeutlichen die vier gelehrten Mönche, dass die Andechser Wallfahrt nicht nur eine eucharistische zu den Drei Heiligen Hostien ist, sondern hier auch in besondere Weise Maria, die Mutter des Herrn, verehrt wird.

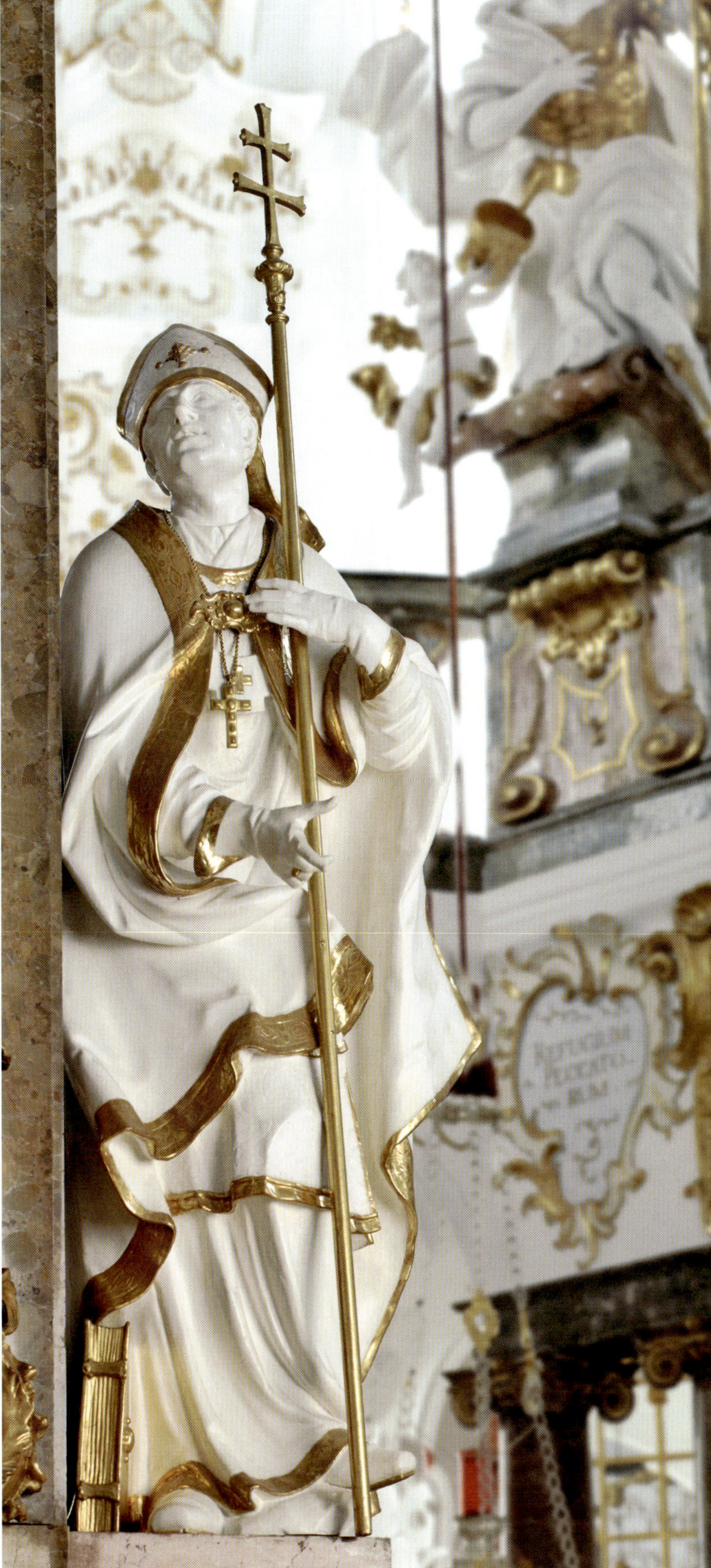

Hl. Anselm von Canterbury

Seite 70:
Hl. Bernhard von Clairvaux

Seite 71:
Hermann der Lahme

Hl. Ildefons von Toledo

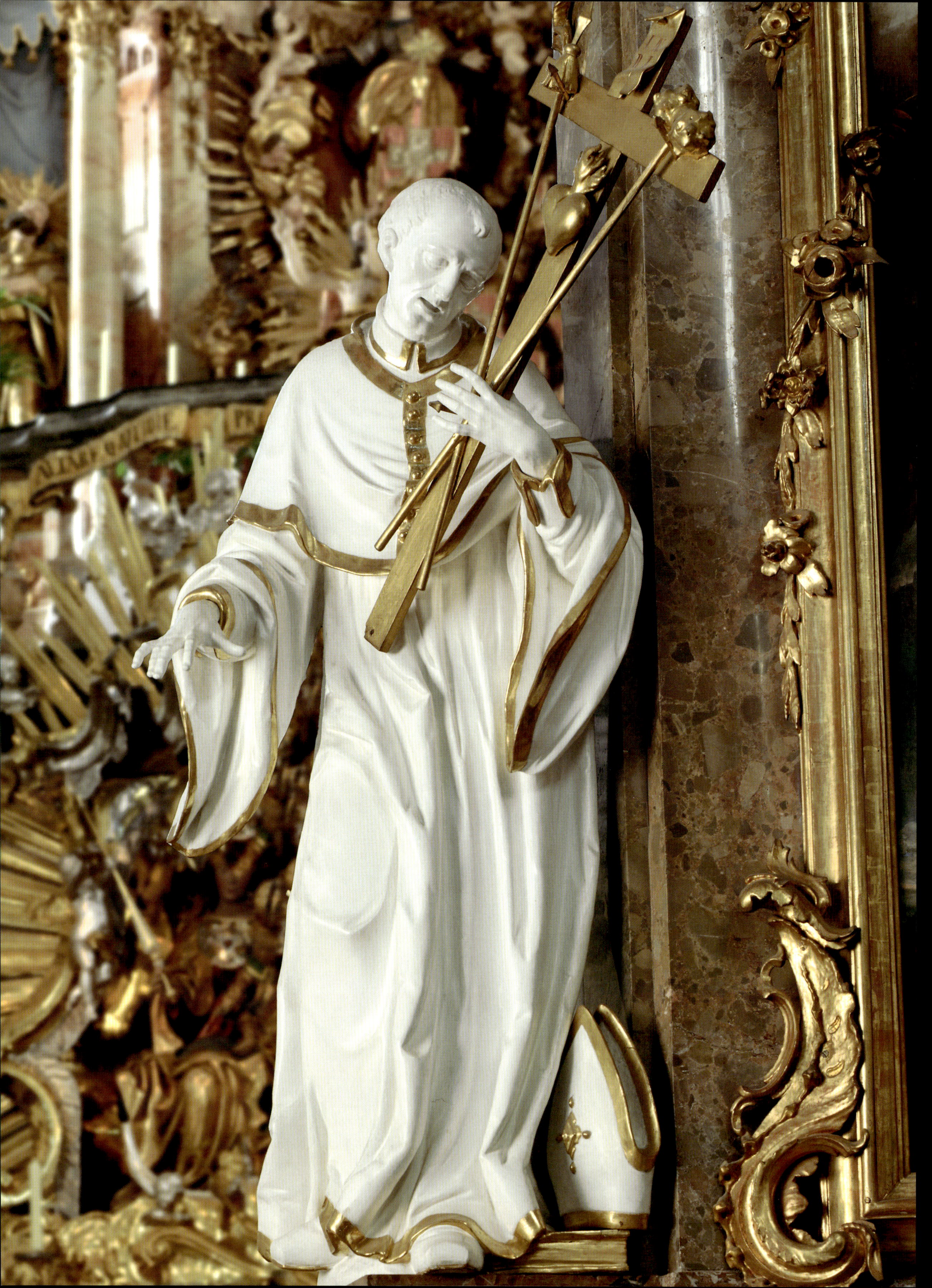

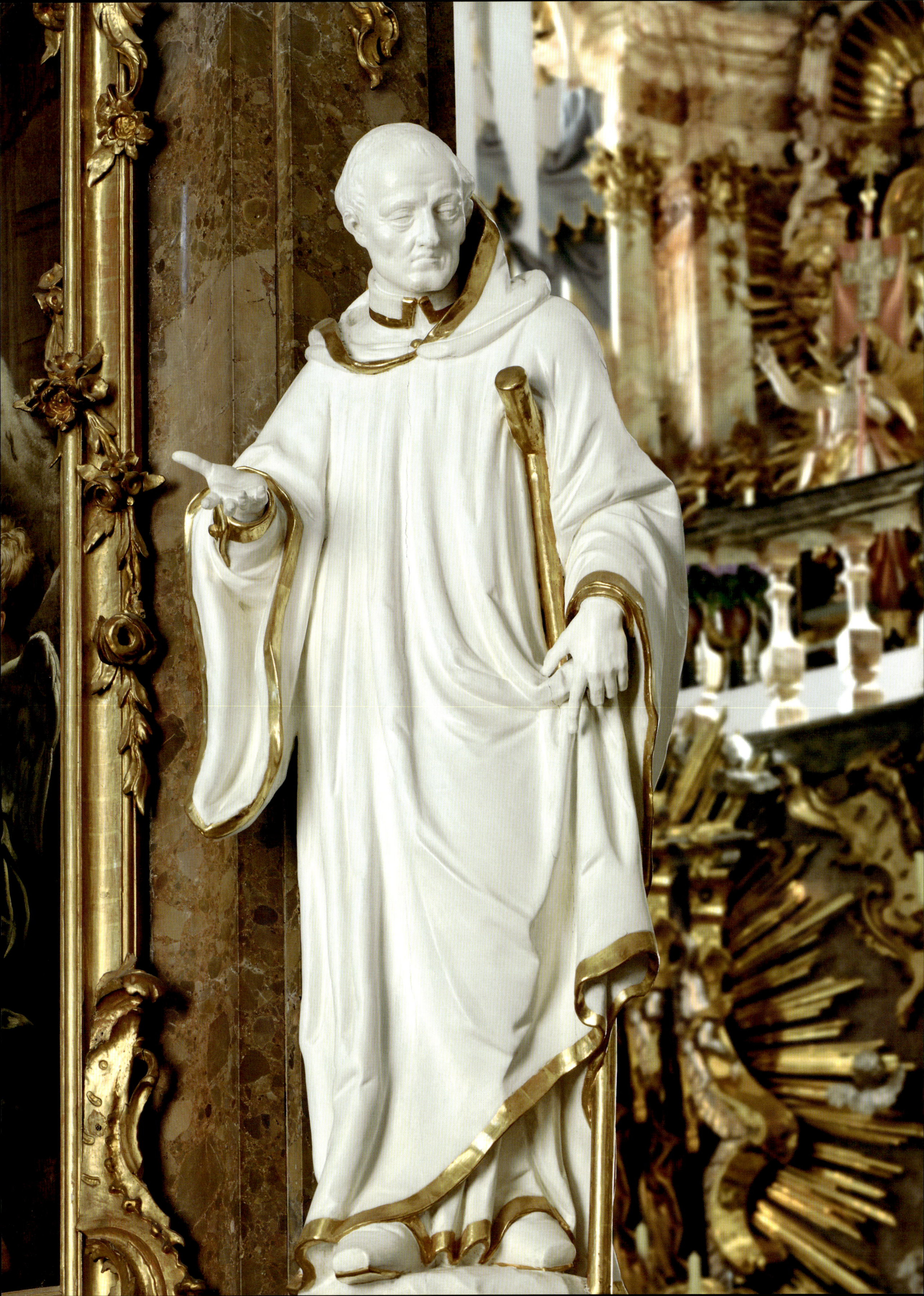

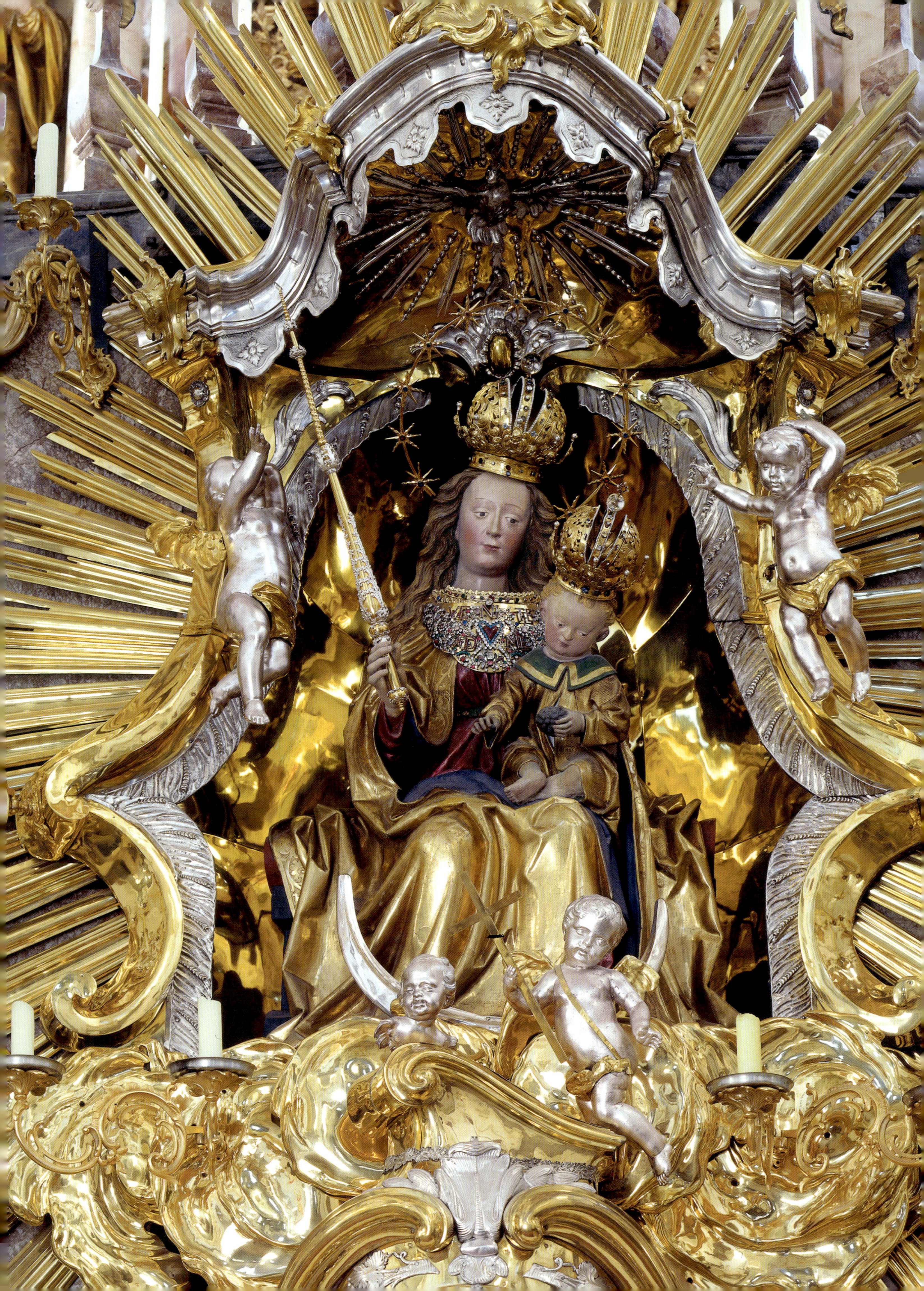

Das Andechser Gnadenbild – das Kind mit den Trauben

Das Gnadenbild des unteren Hochaltares, das von den Patronen des Klosters Nikolaus und Elisabeth flankiert wird, kam wohl im 15. Jahrhundert, also zur Zeit der Klostergründung, in die Wallfahrtskirche.

Die spätgotische Madonna, die in der Barockzeit mit den Pretiosen Krone, Brustschild und Zepter geschmückt wurde, schaut versonnen in den Raum, als wäre sie sich bewusst, welches Lebensschicksal ihr Kind erwarten würde. Sie ist es, von der es im Lukasevangelium heißt, dass sie alle Worte in ihrem Herzen bewahrte und dort bewegte (vgl. Lk 2,19).

Das Kind auf ihrem Schoß, das sich leicht von der Mutter wegbewegt, hält in seiner linken Hand Trauben. Eine einzelne Beere zwischen Daumen und rechtem Zeigefinger macht den Anschein, als ließe das Kind sie gleich auf den Altar fallen. Damit verweist das Jesuskind auf das eucharistische Opfer, das auf diesem Altar immer wieder gefeiert wird. In Brot und Wein gibt sich Jesus, der Herr, selbst hin, kommt er den Menschen mit seiner Liebe nahe, so der Glaube der Kirche.

Selbstredend müssen die Weizenkörner, auf die die Ähren des Hochaltars verweisen, zunächst gemahlen werden. Ebenso gilt es, die Trauben, welche das Kind in Händen hält, zu keltern. Dies ist ein Bild für die Wandlung, die durch Hingabe geschieht, ein Bild für Tod und Auferstehung: Erst durch die Hingabe am Kreuz kann neues Leben entstehen, das alle Grenzen des Todes durchbricht. Dafür stehen Brot und Wein als Gaben der Eucharistie. Daran erinnert den stillen Betrachter das Jesuskind, das die Trauben auf den Altar fallen lässt.

Dreihundert Jahre später hat Johann Baptist Zimmermann den Altar mit den beiden grazilen Anbetungsengeln

Andechser Gnadenbild vom unteren Hochaltar

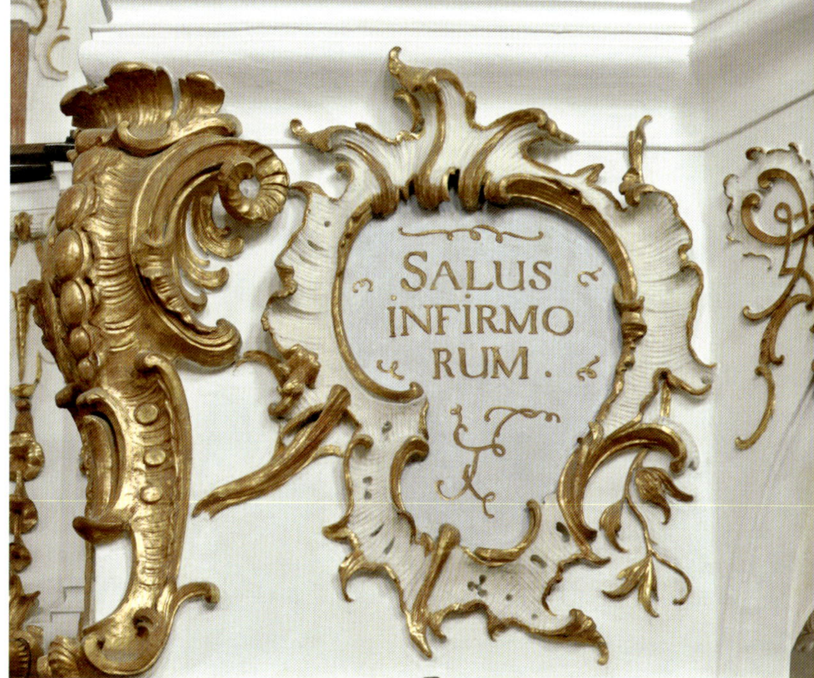

„Heil der Kranken" – Inschrift vom unteren Hochaltar als Bezeichnung für Maria (neben „Refugium peccatorum" – „Zuflucht der Sünder")

errichtet und das Gnadenbild mit Sonne, Sternenkranz und Mondsichel geschmückt. Wie die Himmelskörper so geben auch Mutter und Kind in ihrer Bereitschaft zu Hingabe und Wandlung für unseren Lebensweg Orientierung sowohl in schönen und sonnigen Stunden als auch in dunklen Zeiten. Ein tröstliches und zugleich ermutigendes Bild für alle, die mit ihren Anliegen und Bitten, mit ihren Wünschen und Sorgen, mit ihren Nöten und Schwächen, aber auch mit ihrem Dank auf den Heiligen Berg kommen, so dass die Mutter mit dem Kind zum Heil der Kranken (salus infirmorum) und zur Zuflucht der Sünder (refugium peccatorum) wird, wie es die Inschriften der beiden seitlichen Schrifttafeln verdeutlichen.

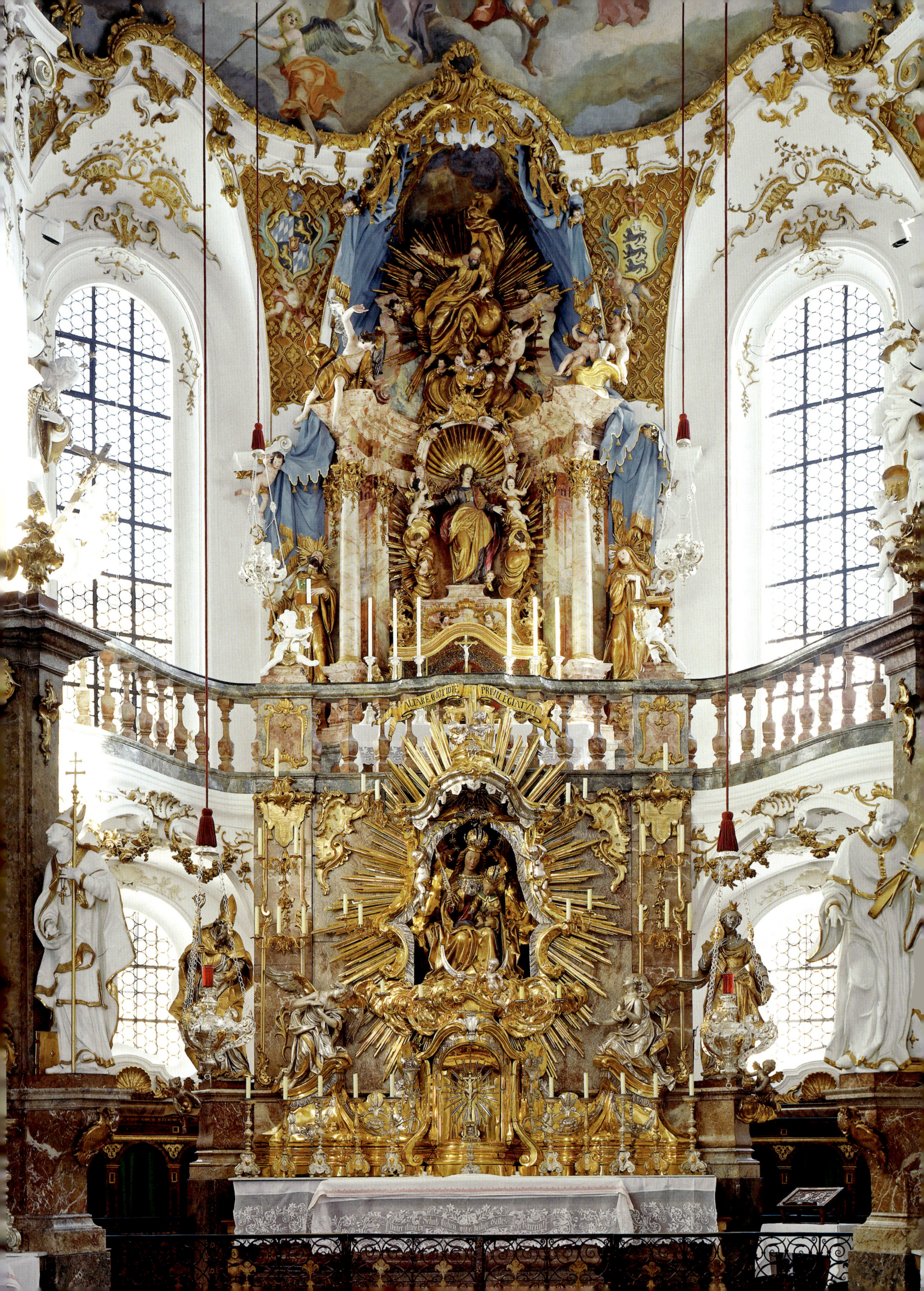
ALTARE QVOTIDIE PRIVILEGIATVM

Abtei Heiligenberg –
eine wechselvolle Klostergeschichte

Wie jedes bayerische Kloster nahm auch die „Abtei Heiligenberg“ eine wechselhafte Geschichte mit Höhen und Tiefen, mit Aufstieg und Niedergang. In der Reformationszeit ging die Zahl der Wallfahrer stark zurück, die klösterliche Disziplin wurde aufgeweicht, auch die wirtschaftliche Situation ließ mehr und mehr zu wünschen übrig. Wegen Misswirtschaft und Verschleuderung des Klostergutes mussten die bayerischen Herzöge immer wieder in das Innenleben ihres Hausklosters eingreifen, so dass in dieser Zeit vier Administratoren und fünf Äbte aus anderen süddeutschen Klöstern als Obere auf dem Heiligen Berg wirkten. Erst mit dem aus Ottobeuren stammenden Abt David Aichler († 1596) begann 1588 ein neuer Aufschwung. Unter seiner Leitung wurde auch die Kirche langsam im Stil der Zeit umgestaltet.

So konnte 1629 der Weilheimer Künstler Hans Degler (1564–1635) einen neuen Hochaltar für die Wallfahrtskirche schaffen mit jener anmutigen Madonna, die noch heute auf dem oberen Hochaltar zu sehen ist.

Selbstredend machten die Wirren des Dreißigjährigen Krieges auch nicht vor Andechs Halt. Die exponierte Lage des Klosters lud die marodierenden Söldnerheere geradezu ein, hier zu plündern und zu brandschatzen. Von den Schweden wurde die Wallfahrtskirche zum Stall umfunktioniert. Als sie versuchten, das Marienbild vom Altar zu stürzen, gelang ihnen dies nicht. Für das gläubige Volk war dies ein Wunder der Standhaftigkeit, dass auch sie in allen Unbeständigkeiten der Zeit nicht allein gelassen sind.

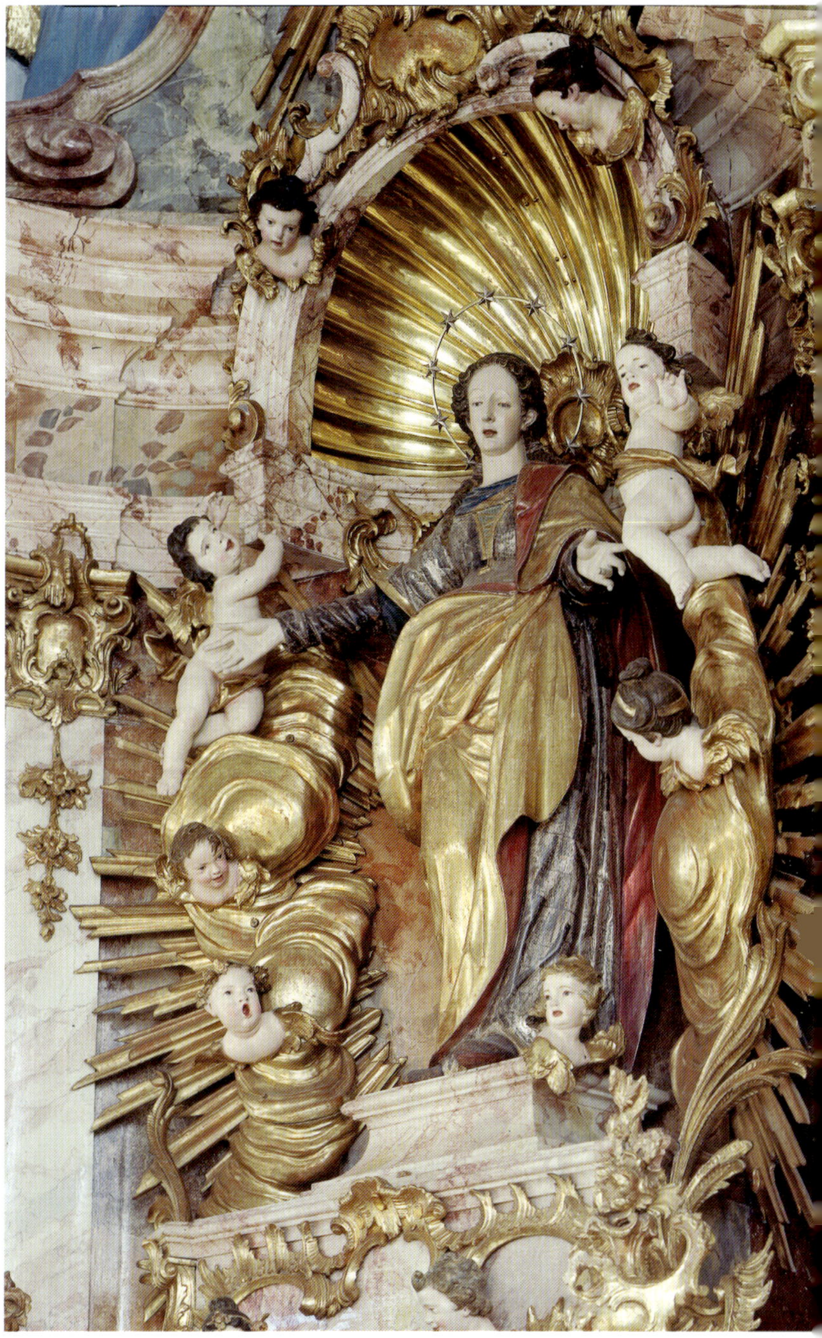

Madonna vom oberen Hochaltar

Doppelter Hochaltar der Andechser Wallfahrtskirche

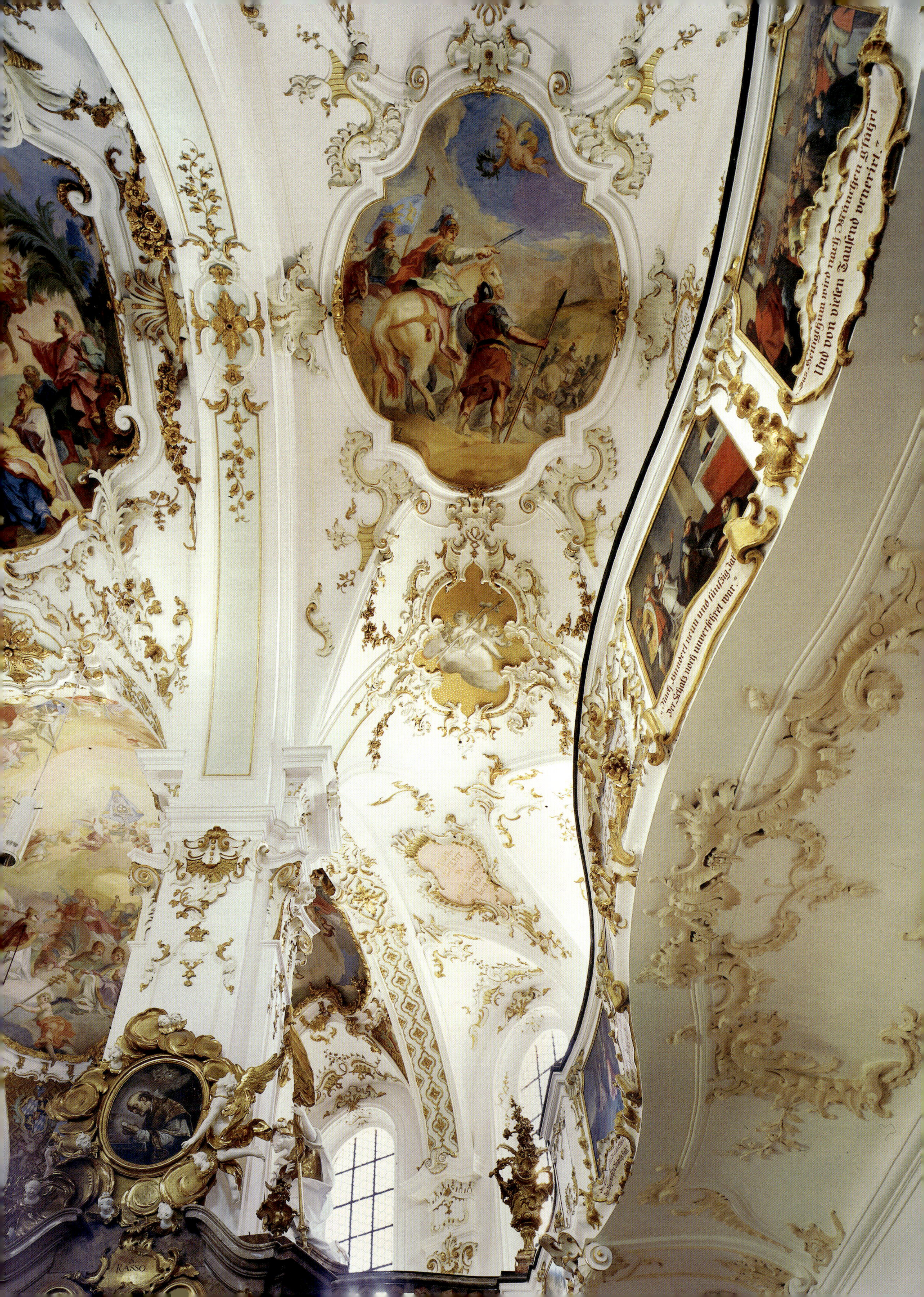
Und von vielen Tausend venerirt."
Der Schatz noch unversehret war."
RASSO

Hinzu kamen Mäuse-, Wildschwein- und Wolfsplagen. Der schwarze Tod, die Pest, raffte eine Vielzahl von Menschen hinweg. Das Tagebuch des damaligen Erlinger Pfarrers und späteren Abtes Maurus Friesenegger († 1655), das uns erhalten ist, gibt ein erschreckendes Zeugnis dieser verheerenden Jahre.

Zu allem Unglück wurden am 3. Mai 1699 die Wallfahrtskirche und das Kloster durch nächtlichen Blitzschlag völlig zerstört, so dass wiederum die Stifterfamilie beim Wiederaufbau hilfreich zur Seite stehen musste. Im Blick auf die bevorstehende Dreihundertjahrfeier im Jahr 1755 entschloss sich die Gemeinschaft unter der Leitung ihres Abtes Bernhard Schütz (1746–1759) der Kirche im Stil des Rokoko ein neues Gewand zu geben.

Johann Baptist Zimmermann, Franz Xaver Schmädl, Johann Baptist Straub und weitere Künstler wirkten auf einzigartige Weise zusammen. Dazu galt es, größere Umbaumaßnahmen vorzunehmen. Nachdem das östliche Pfeilerpaar herausgebrochen war und so der Altarraum an Weite gewann, begann Johann Baptist Zimmermann mit seinen Mitarbeitern die spätgotische Hallenkirche mit ihren barocken Elementen durch Stuck und Fresken in einen beschwingten Rokokoraum zu verzaubern.

Am oberen Hochaltar sehen wir die Madonna, die Hans Degler für den früheren unteren Altar geschaffen hatte. Offen streckt sie ihre Arme dem Betrachter entgegen, so dass er ihr seine Anliegen ans Herz legen kann. Sie ist bereit, die Botschaft des Engels Gabriel anzunehmen, welcher locker auf dem Säulenkapitell sitzt und sich mit erhobenem Zeigefinger Maria zuwendet. Ihr goldenes Gewand gerät in Wallung. Sie empfängt das Wort, das in ihrem Leben Gestalt annehmen kann und durch sie Mensch wird. So macht sie sich guter Hoffnung auf den Pilgerweg ihres Lebens mit allen Höhen und Tiefen.

Als solche wird sie zum Vorbild für alle, die sie betrachten, zur kostbaren Perle, auf die die Muschel hinter ihrem Kopf hindeutet. Schauen wir weiter empor, sehen wir über ihr Gott Vater, der sie aufnimmt in den über ihm sich öffnenden Andechser Heiligenhimmel.

Die beiden Feste Maria Verkündigung und Maria Himmelfahrt sind in einer einzigen Szene dargestellt: Beginn und Vollendung des Menschen. Wie Maria sollen auch wir uns dem Anruf Gottes öffnen, sein Wort annehmen, so dass Jesus durch uns zur Welt kommen kann. Wir dürfen uns guter Hoffnung als Pilger auf den Weg machen mit den Höhen und Tiefen des Lebens und darauf vertrauen, dass der, der uns ruft, auch annimmt und uns einmal vollenden wird.

Eines der 26 Emporenbilder zur Geschichte von Andechs: Wiederauffindung des Heiligen Schatzes 1388 durch eine Maus

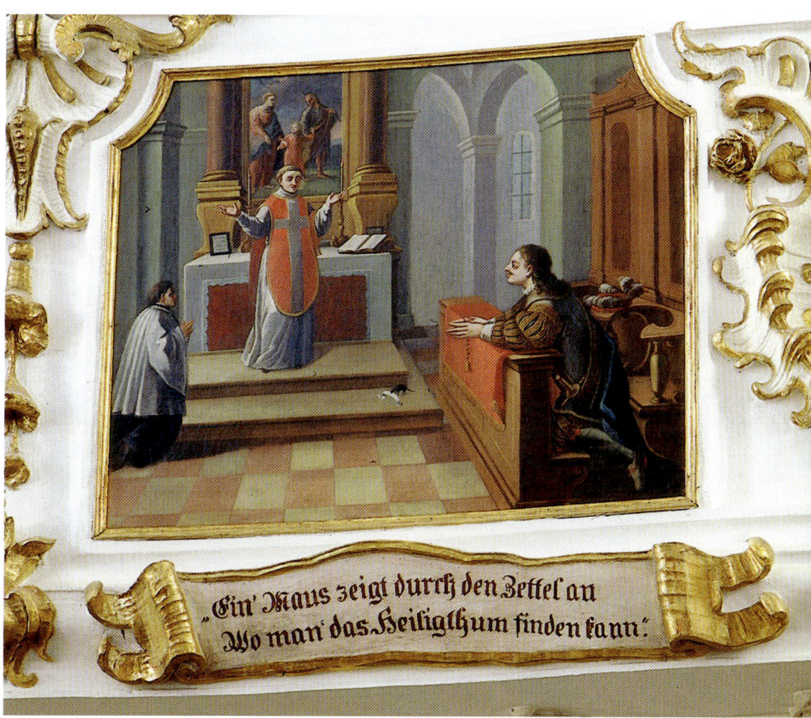

Blick in das südliche Seitengewölbe mit der umlaufenden Empore

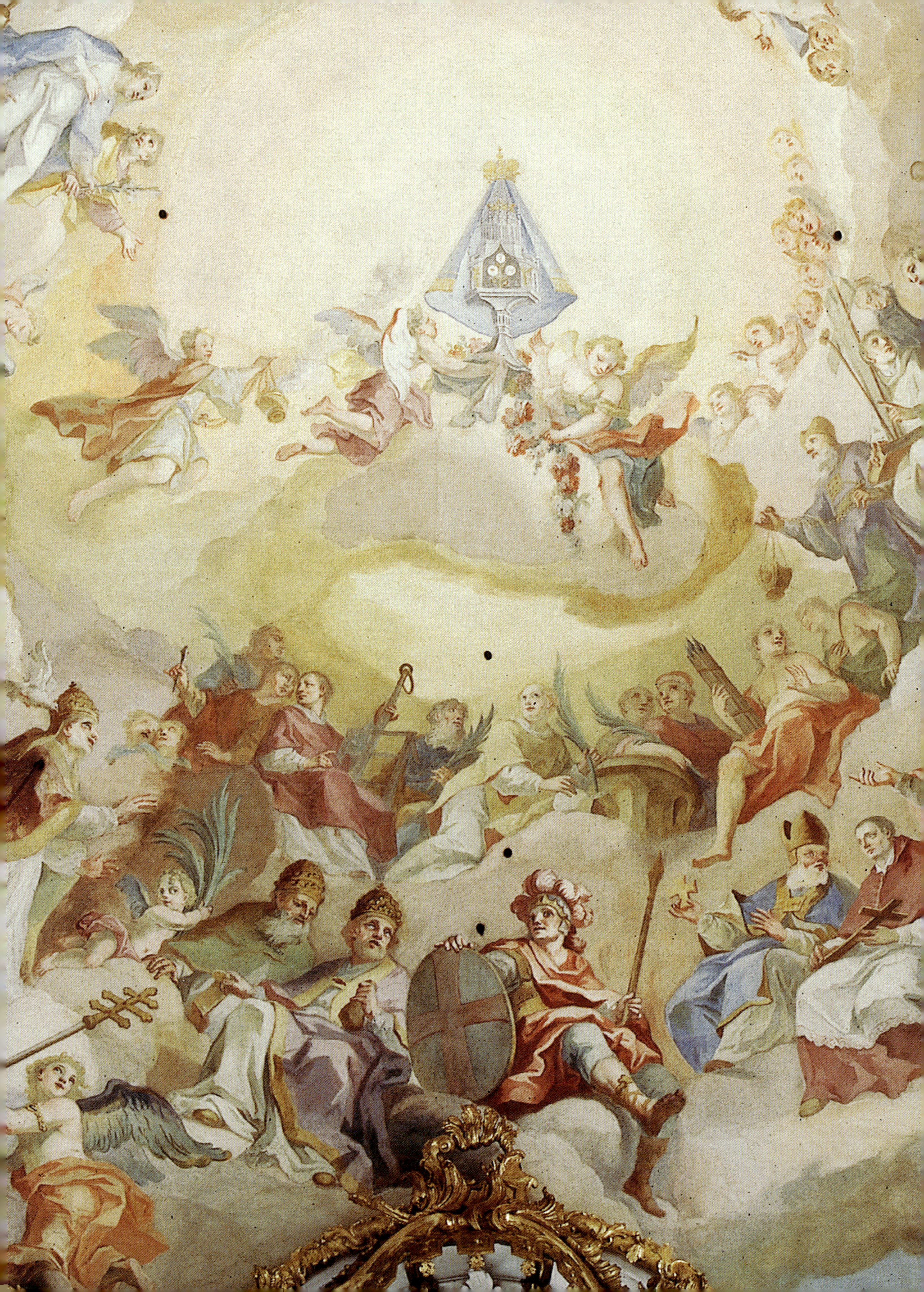

Die Botschaft des Andechser Himmels – Gott ist mit uns

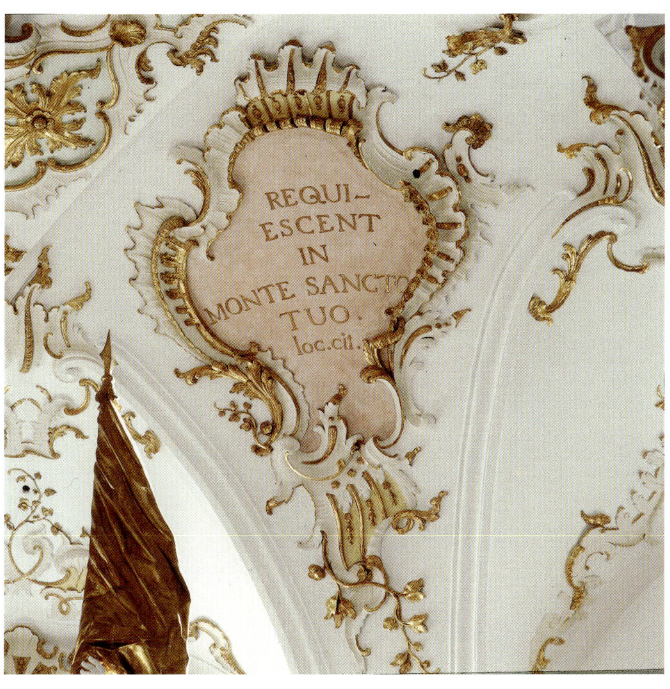

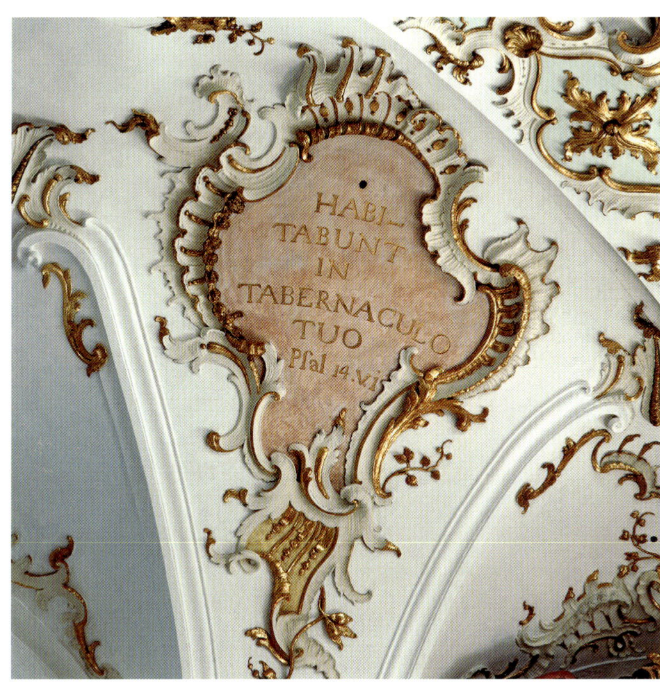

Daher öffnet sich im Fresko über dem Oberen Hochaltar der „Andechser Heiligenhimmel". In der Mitte sehen wir die Dreihostienmonstranz als Zeichen für die Gegenwart Christi in der Gemeinschaft der Glaubenden. Wir erkennen eine Schar von Heiligen, Frauen und Männer, die auf dem Heiligen Berg besonderes verehrt und von denen Reliquien hier verwahrt werden oder die aus dem Andechser Grafengeschlecht stammten: Menschen aus allen Völkern und Zeiten, die in der Gemeinschaft mit dem Herrn ihre Vollendung erlangt haben.

Die Botschaft ist eindeutig: Wenn sich Menschen in dieser Kirche um den Altar, um den Tisch des Herrn versammeln und ihm bei der Feier der Eucharistie in Brot und Wein begegnen, dann ist das ein Stück Himmel auf Erden, dann ist das ein Vorgeschmack der Ewigkeit, von jenem Fest, wo Gott selbst Gastgeber ist auf seinem heiligen Berg. So korrespondiert die irdische Gemeinde, die sich zum Gottesdienst in der Kirche versammelt, mit der himmlischen Gemeinschaft der Heiligen, die im Andechser Heiligenhimmel von Johann Baptist Zimmermann so heiter und bewegt dargestellt wurde. Die Brücke zwischen oben und unten ist die Zusage des Herrn: Immer, wenn ihr in meinem Namen das Brot brecht und den Wein reicht, dann bin ich in diesen Gaben als der Auferstandene mitten unter euch. Die Inschriften „Habitabunt in tabernaculo tuo" – „Requiescunt in monte sancto tuo", „Sie werden in Deinem Zelt wohnen" – „Sie werden sich auf Deinem Heiligen Berg ausruhen" (Psalm 14) verweisen auf die Zukunft, die die feiernde Gemeinde im Hier und Jetzt erlebt.

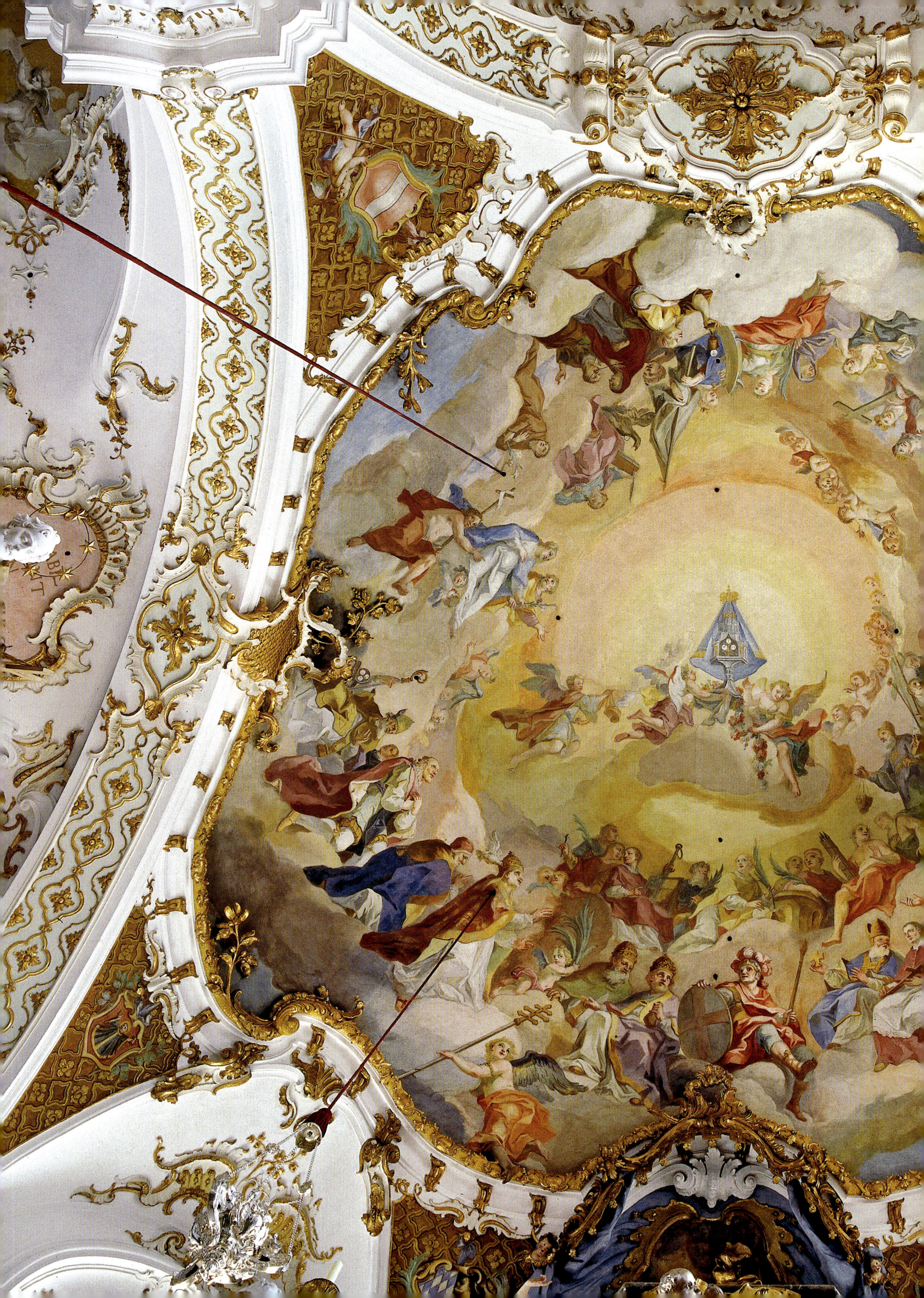

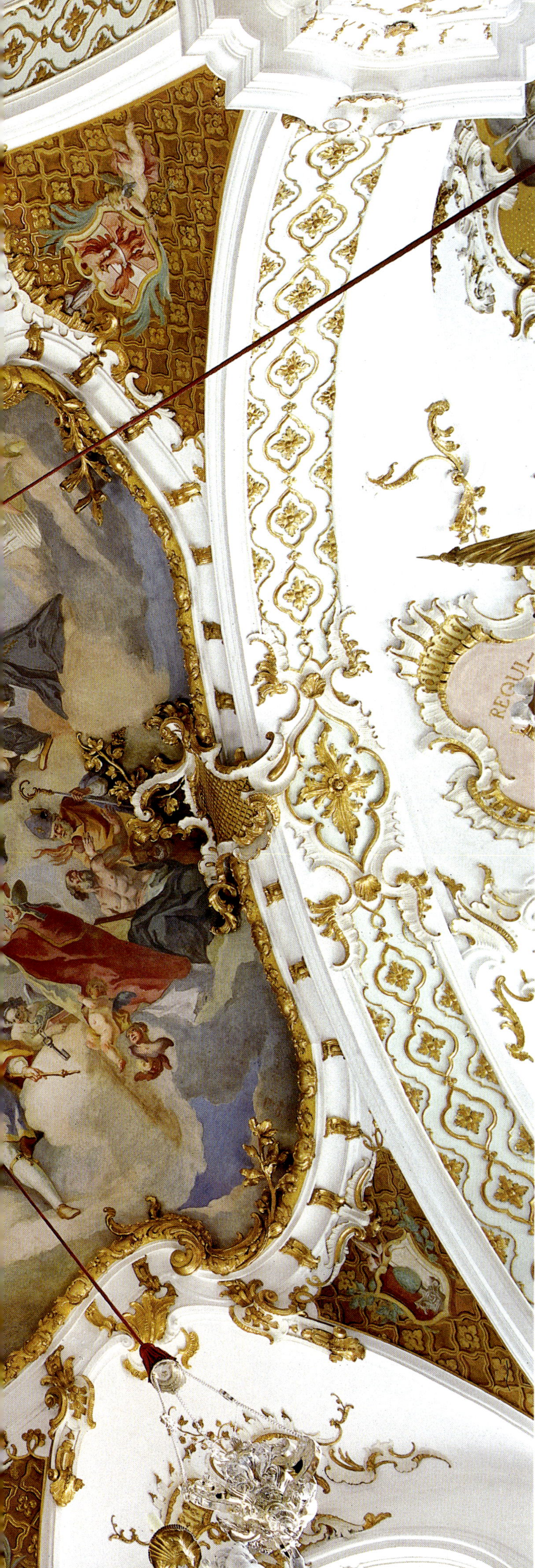

Seite 78:
„Andechser Himmel“ (Detail des Deckenfreskos über dem Hochaltar)

Seite 79:
Inschriften im Gewölbe aus Psalm 14

Deckenfresko:
„Andechser Himmel“

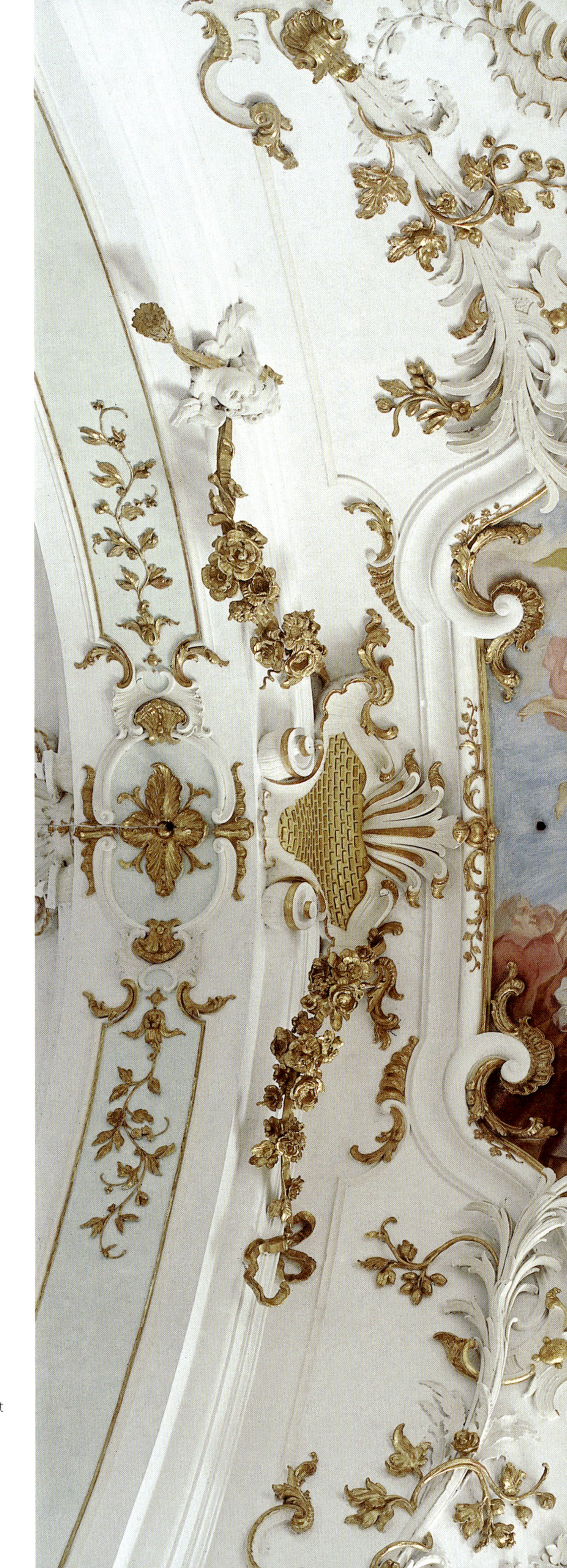

Deckenfresko: Christi Himmelfahrt

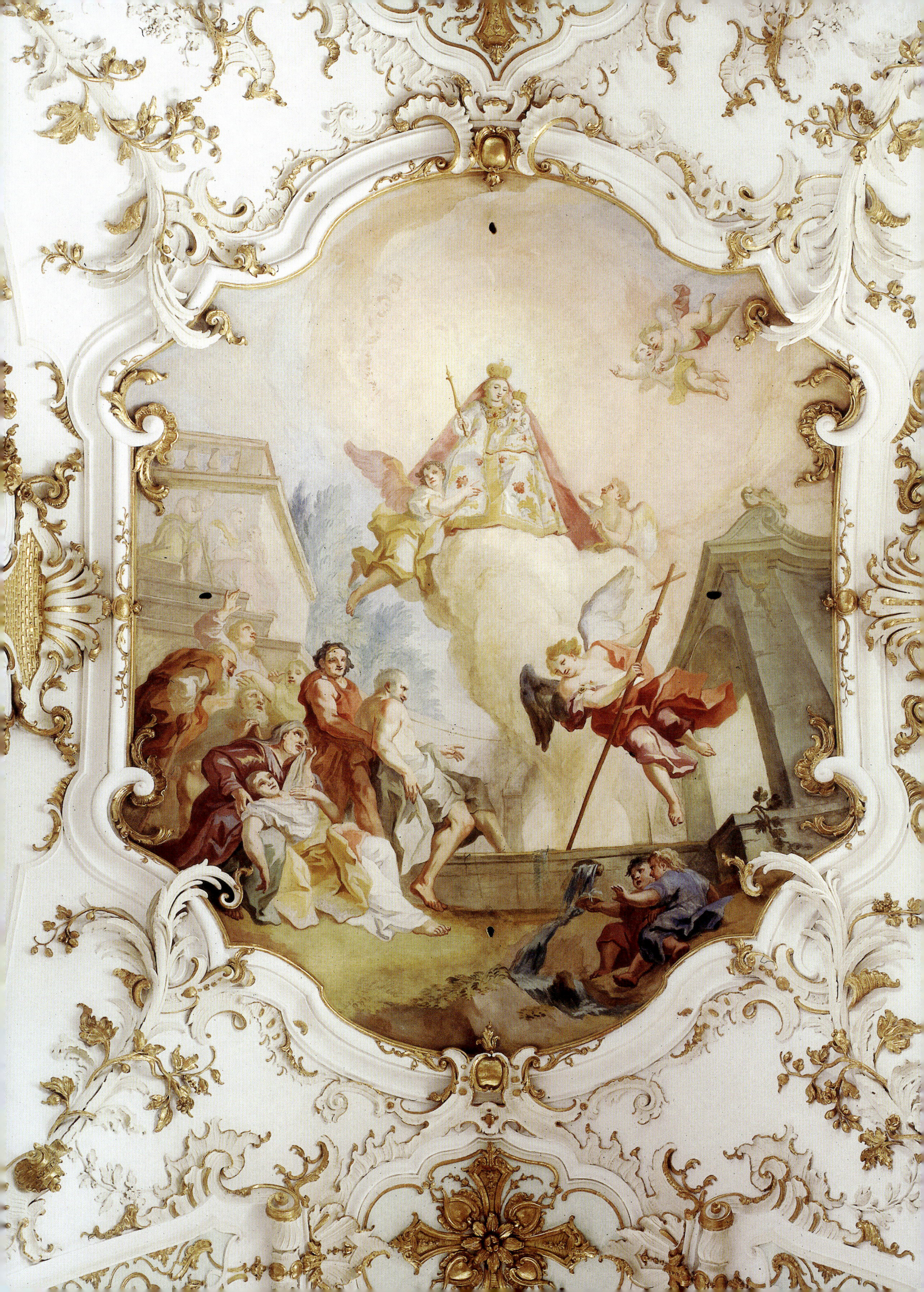

Diese hoffnungsvolle Botschaft greift auch das nächste Deckengemälde des Mittelschiffs von der Himmelfahrt Jesu auf. Wir sehen den Auferstandenen, wie er auf dem Berg Abschied nimmt von seinen Jüngern mit den Worten: „Seid gewiss: Ich bin bei euch, alle Tage bis zum Ende der Welt" (Mt 28,16). Wiederum gibt es eine Korrespondenz mit dem Darunterliegenden, nun mit der Fürstengruft. „Habt keine Angst, auch nicht vor der Schwelle des Todes. Ich bin in den Tod gegangen, und ich lebe, und ihr werdet mit mir leben, wenn ihr euer Leben an mir festmacht!" ruft der Auferstandene gleichsam dem Betrachter zu. Wahrscheinlich wurde in früheren Zeiten das Bild des Auferstandenen entsprechend dem liturgischen Jahre durch andere Bilder ersetzt, so dass an Weihnachten ein Jesuskind oder an Pfingsten eine Taube zu sehen war. Auch sie sind Zusagen der bleibenden Gegenwart Gottes in unserer Zeit.

Aus Lüftungsgründen kann es freilich heute geschehen, dass der Betrachter in der Mitte des Bildes ein offenes Loch vorfindet. Diese scheinbare Leere wiederum könnte darauf verweisen, dass alle unsere Bilder bruchstückhaft sind, da kein Mensch das Angesicht Gottes je geschaut hat. Erst in der Ewigkeit, so christlicher Glaube, dürfen wir dieses bleibende Glück genießen.

Als drittes Bild ziert das Mittelschiff ein Wunder Jesu: die Heilung des Gelähmten am Teich Betesda in Jerusalem, die uns durch den Evangelisten Johannes überliefert wurde. Betesda heißt übersetzt „Haus der Barmherzigkeit". Zu einer bestimmten Stunde, so die Überlieferung, kommt der Engel des Herrn und bringt das Wasser des Teichs in Wallung. Wer dann als erster hineinsteigt, wird gesund. An diesem Teich liegt auch ein Gelähmter, der seit 38 Jahren krank ist, und selbstredend keine Chance hat, weil die anderen immer schneller sind als er. Diesem begegnet Jesus mit der Frage: „Willst du gesund werden?" Worauf der Gelähmte seine ganze Misere ins Wort bringt: „Herr, ich habe keinen Menschen, der mich, sobald das Wasser aufwallt, in den Teich trägt. Während ich mich hinschleppe, steigt schon ein anderer vor mir hinein." Jesus zeigt Barmherzigkeit und heilt ihn mit den Worten: „Steh auf, nimm deine Bahre und geh" (vgl. Joh 5,1–18).

Dieses Wunder wurde im Bild von Johann Baptist Zimmermann nach Andechs übersetzt, das gleichsam ein neuer Teich Betesda, ein Haus der Barmherzigkeit für alle Beladenen und Niedergedrückten sein soll. Wir sehen das Andechser Gnadenbild, die Mutter mit dem Kind, und den Engel, wie er mit einem Kreuzstab das Wasser zum Wallen bringt. Wir sehen den Gelähmten, wie er ins Wasser gehoben wird. Das Fresko ist zwischen den beiden Zugängen angebracht, durch die die Wallfahrer die Kirche betreten. Alle, die hier mit ihren Gebeten und Sorgen zu Gott kommen, die sich z. B. aufgrund eines Schicksalsschlags wie gelähmt fühlen oder nach einer Krise nicht mehr „in die Gänge kommen" und hier ihre Anliegen vor Gott bringen, die Menschen wie den Gelähmten vor Gott tragen, sollen neue Hoffnung schöpfen: Wie damals in Jerusalem so wirkt auch Gott hier auf dem bayerischen Zionsberg Heil und schenkt Barmherzigkeit. Die Wunder des Herrn sind kein abgeschlossenes Gnaden-Geschehen der Vergangenheit. Sie geschehen auch heute! Das ist „Verheutigung" – „Aggiornamento" des Evangeliums, wie sie das II. Vatikanische Konzil (1962–1965) gefordert hat. Und wiederum lautet die Botschaft: „Hab keine Angst! Hier bin ich da für Dich! Steh auf, nimm deine Bahre und geh!" Aus dem Teich entspringt eine Quelle, an der Kinder spielen, ein Gnadenstrom vom Heiligen Berg für das ganze Land. Andechs – ein neuer Teich Betesda hoch über dem Ammersee – ein „Haus der Barmherzigkeit" weithin sichtbar.

Dieses Andechser Selbstverständnis, als heiliger Berg von Gott besonders begnadet zu sein, unterstreichen die 26 Bilder von Johann Baptist Zimmermann und anderen, die die Galerie der Wallfahrtskirche zieren. Hier ist die Andechser Heilsgeschichte dargestellt: wie es überhaupt zum heiligen Schatz kam, wie er versteckt und wieder gefunden wurde, wie auf vielfältige Weise hier Heil geschah bis hin zum großen Klosterbrand, der den Heiltumsschatz nicht zerstörte. Jedes Bild hat eine deutsche Unterschrift, so dass, wer lesen konnte, in Versform die Bilder erläutert bekam. Hinzu kommen lateinische Zitate aus dem 67. Psalm, die auf die heilsgeschichtliche Bedeutung des Zion hinweisen und Andechs in dessen Nachfolge stellen: „Mons Sanctus" – „heiliger Berg", „Mons Dei" – „Gottesberg", „Mons Pinguis" – „fetter, d. h. fruchtbarer Berg", „Mons Coagulatus" – „wohl gefügter Berg", „Mons Gratus ac Placens Deo" – „begnadeter und Gott wohlgefälliger Berg" (mit Chronogramm 1755).

Deckenfresko: Andechser Gnadenbild

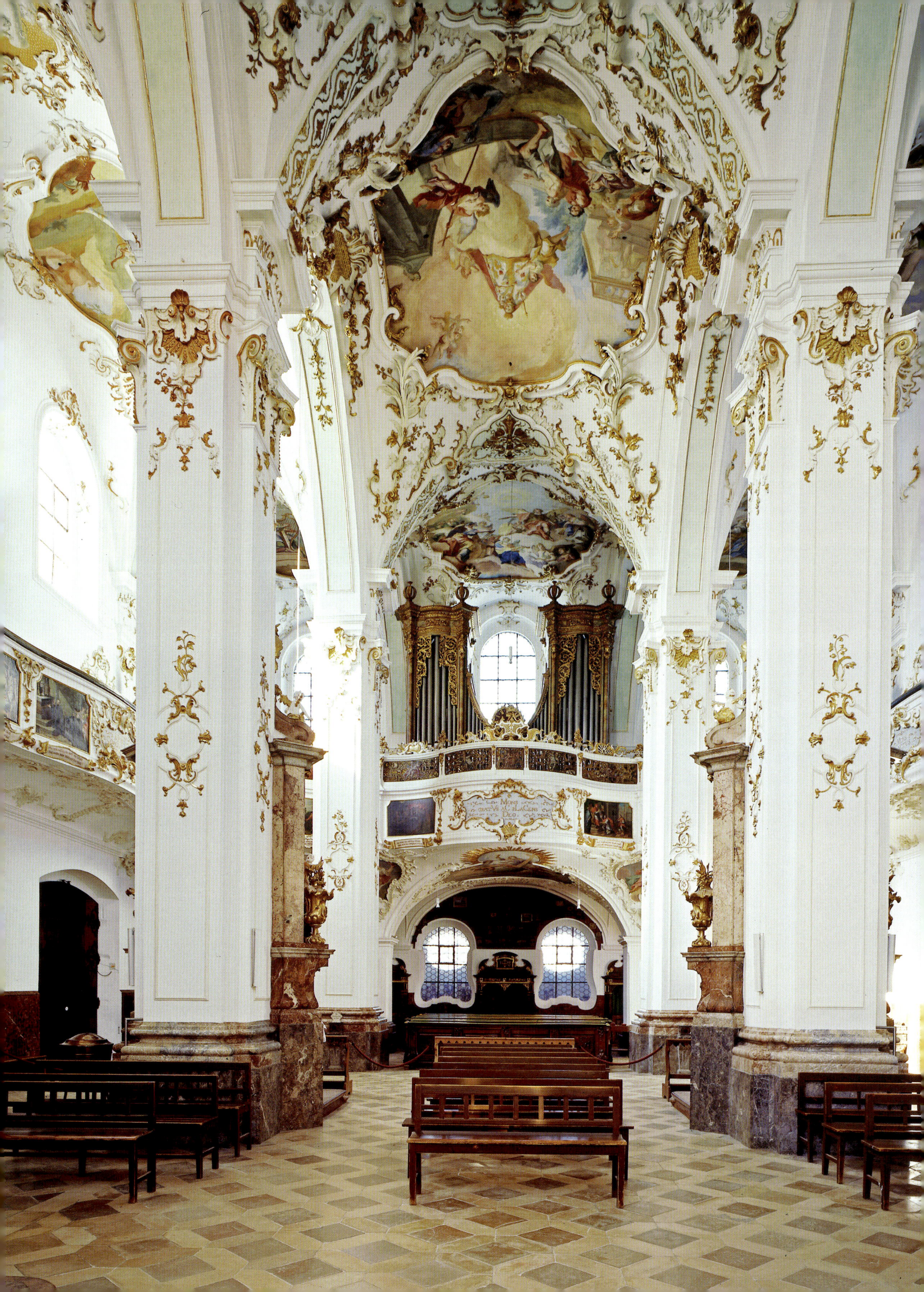

Die Orgelempore – vom Einklang der Stimmen

Als letztes Fresko ist über der Orgelempore der Engelschor dargestellt. Auch dieses Bild korrespondiert mit dem Raum darunter, dem alten Mönchschor, der sich auf der Empore befindet. Dieser wird getragen von den göttlichen Tugenden Glaube, Hoffnung, Liebe, und den vier Kardinaltugenden Klugheit, Gerechtigkeit, Tapferkeit und Maß. Sie stützen gleichsam das klösterliche Leben und sind daher unter der Orgelempore dargestellt. Diese wird von der Orgel dominiert, deren barocker Orgelprospekt von Johann Michael Dietrich 1715 geschaffen wurde. Das Instrument ist freilich jünger und wurde zum Jubiläumsjahr 2005 vom Orgelbaumeister Thomas Jann aus Allkhofen gebaut. An den beiden Seiten sehen wir das Chorgestühl, in dem einst die Mönchsgemeinschaft ihr Chorgebet verrichtete.

Das gegenüberliegende Gitter an der Orgelbrüstung zieren Putti mit unterschiedlichen Instrumenten, so dass an Psalm 47,8 erinnert wird, wie ihn Benedikt im Kapitel über den Gottesdienst seinen Mönchen ans Herz legt: „Vor dem Angesicht der Engel will ich dir Psalmen singen" (RB 19,5). Das Gebet der Mönche, bei dem jeder mit seiner Stimme, mit seinem Instrument, gefragt ist, geht ein in die Liturgie des Himmels. So finden wir auf den Gemälden, die an den beiden Seitenwänden angebracht sind, nochmals Zitate aus dem 19. Kapitel der Regel. Auf der Südwand sehen wir den Mönchsvater Benedikt, wie er die Dreifaltigkeit schaut, und im Regelbuch ist zu lesen: „Ubique credimus divinam praesentiam." – „Überall ist Gott gegenwärtig, so glauben wir" (RB 19,1). Auf dem Gemälde an der Nordwand lesen wir den letzten Vers dieses Kapitels: „Mens nostra concordet voci nostrae." – „Unser Geist sei im Einklang mit unserer Stimme" (RB 19,7). „Mens – cor – vox", „Verstand – Herz – Stimme": Beim Gebet tritt der ganze Mensch vor Gott. Wir sehen Benedikt mit sechs Mönchen, gleichsam die Tegernseer Gründungsmannschaft, wie sie zu einem Marienbild aufschauen. Die Assistenzfiguren des dargestellten Altares sind Johannes der Täufer und Martin von Tours († 397), denen Benedikt auf dem Monte Cassino die Altäre weihte. Während Johannes auf das Jesuskind schaut, richtet Martin, den man an sei-

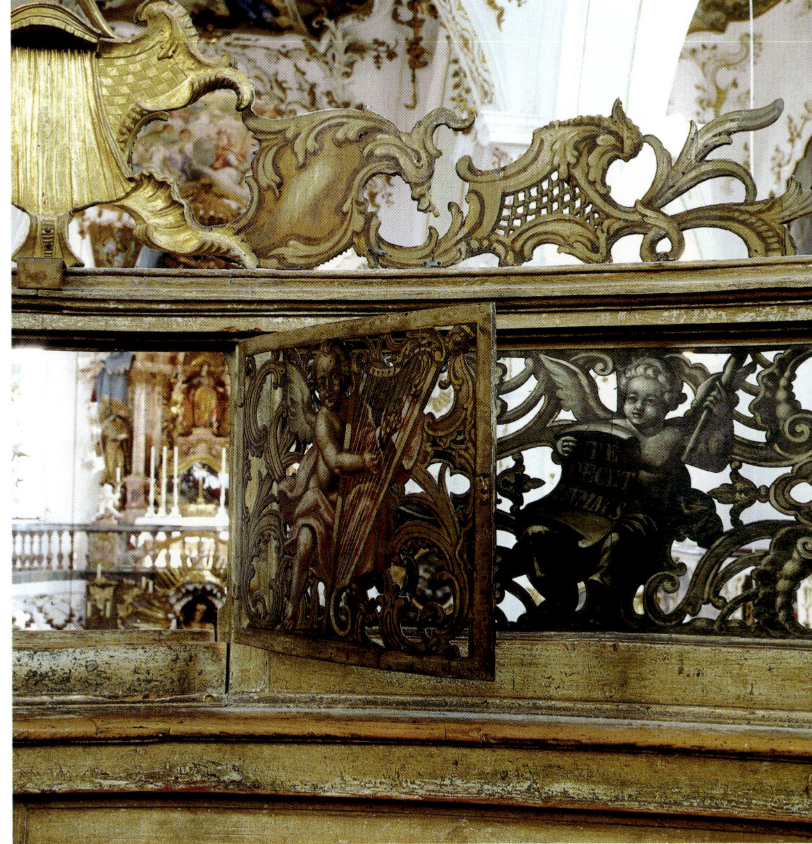

Gitter der Orgelempore in Richtung Hochaltar mit musizierenden Engeln

Blick zur Orgel

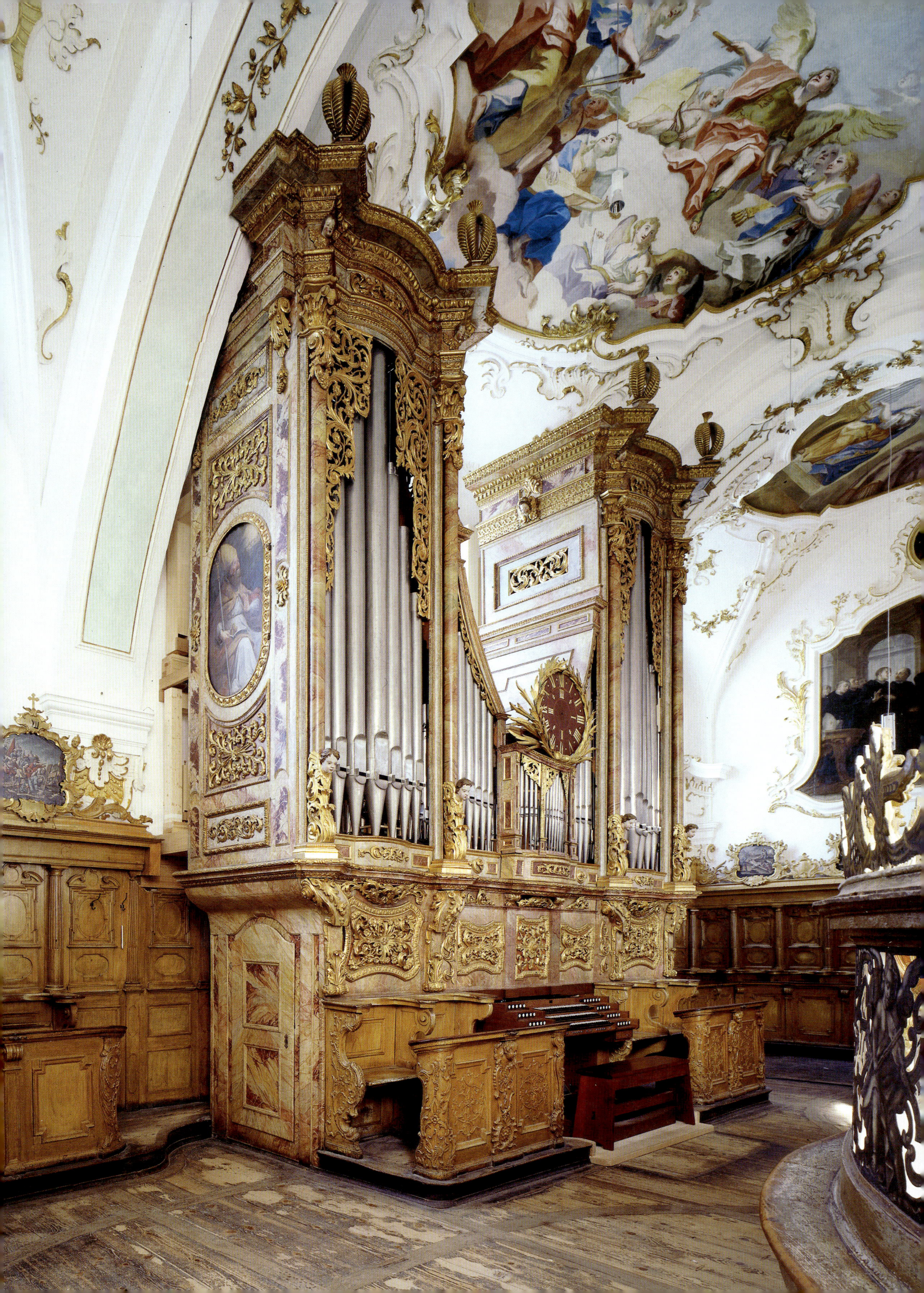

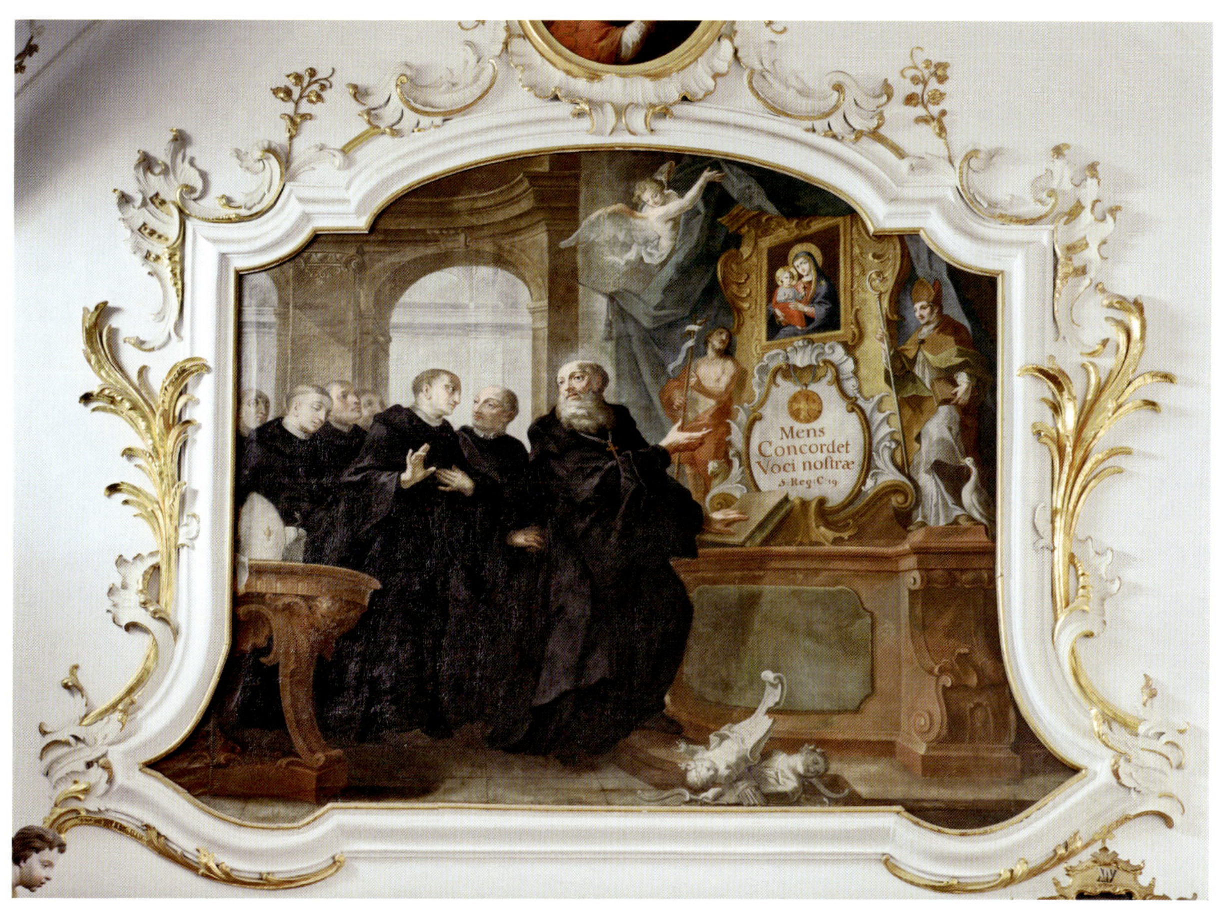
Mens
Concordet
Voci nostræ
S. Reg. C. 19

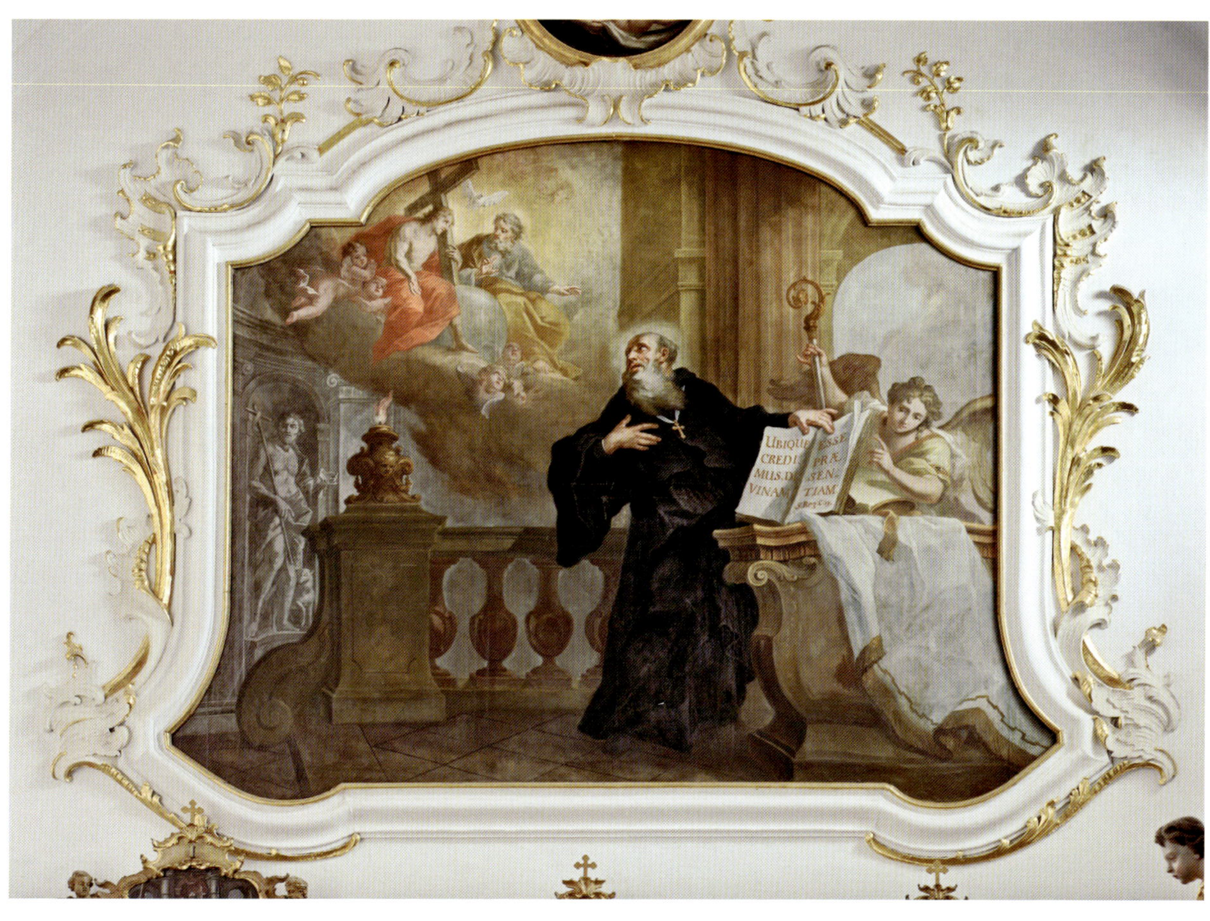

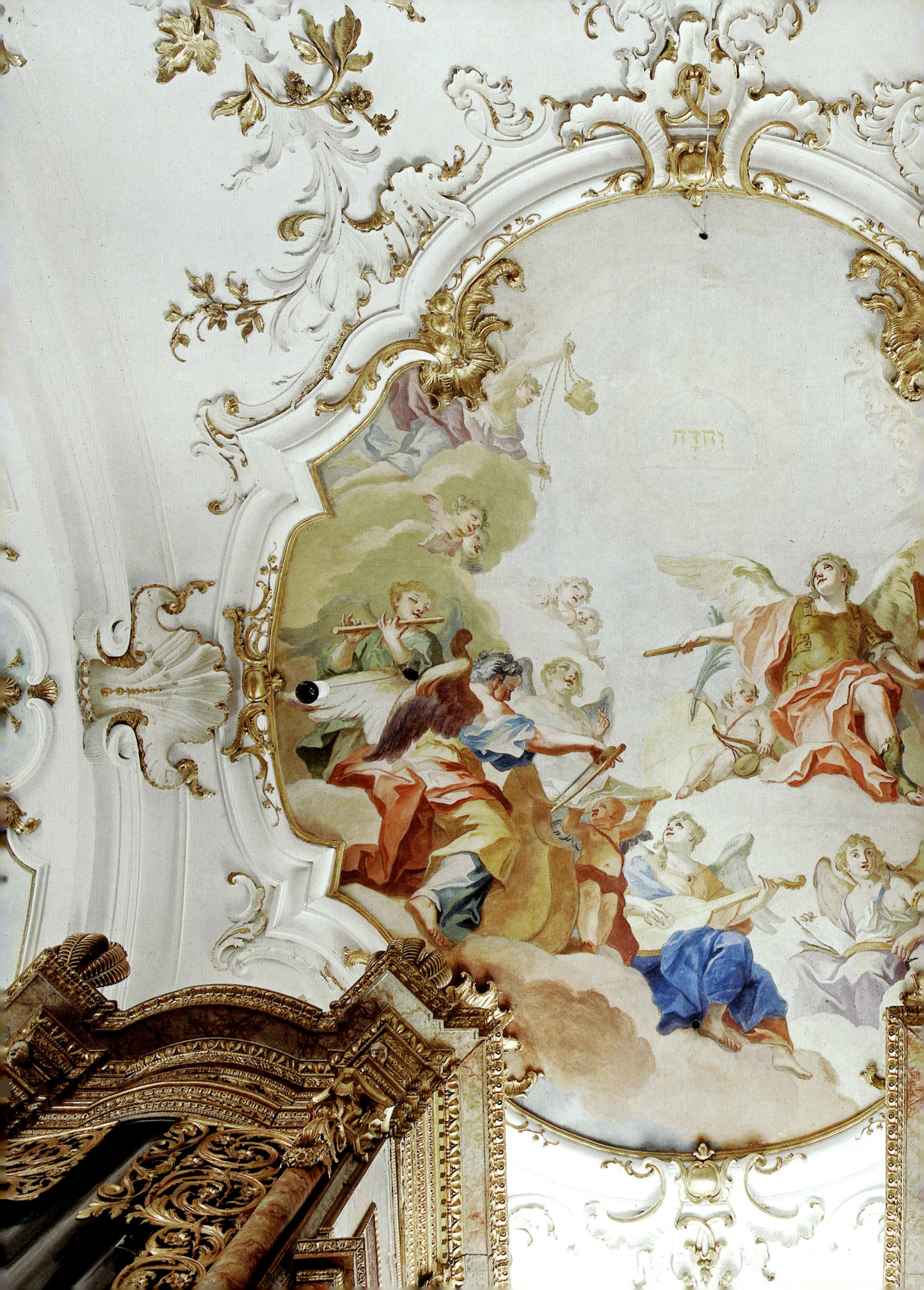
יהוה

Seite 88:
Barocker Orgelprospekt

Seite 89:
oben und unten: Szenen aus dem Leben des hl. Benedikt an den Seitenwänden der Orgelempore

Deckenfresko: Engelskonzert (über der Orgel)

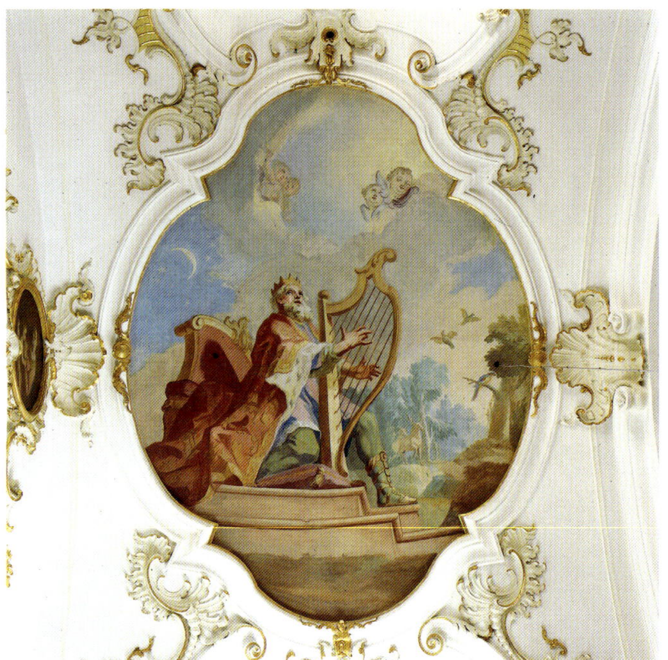
König David mit der Harfe

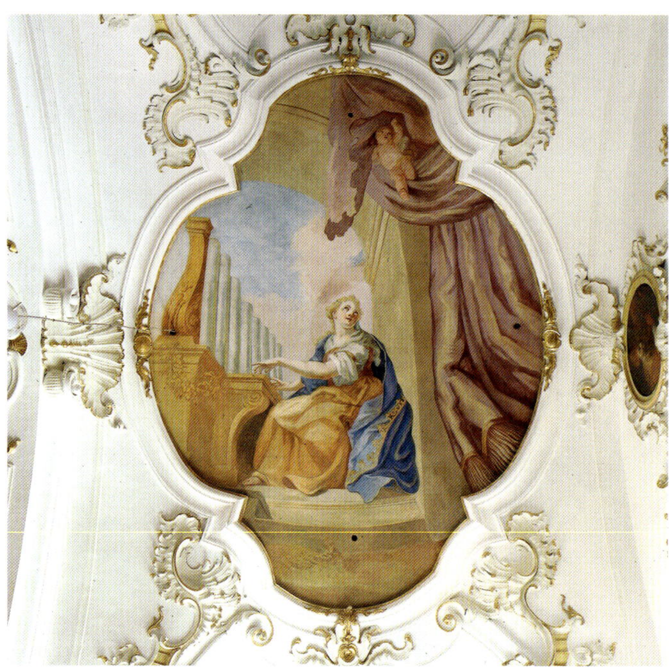
Hl. Cäcilia als Patronin der Kirchenmusik

ner schönen Gans erkennt, seinen Blick auf die abgebildeten Mönche. Er schaut die Menschen an. Schließlich war er der erste, der monastisches Leben mit seelsorgerlichem Wirken verband. Beide Blickrichtungen sind der Mönchsgemeinschaft auf dem Heiligen Berg ins Stammbuch geschrieben. Sie sollen auf Gott schauen und auf die Menschen, die ihnen in der Seelsorge anvertraut sind.

In den Deckenfresken darüber sehen wir König David, wie er zum Lobpreis Gottes die Harfe schlägt. Der zunehmende Mond verweist darauf, dass aus seinem Geschlecht der Messias hervorgehen wird. Wir sehen die Patronin der Kirchenmusik, die hl. Cäcilia, wie sie die Orgel spielt, und in der Mitte den Erzengel Michael, wie er souverän den Engelschor dirigiert. Es ist wohl eine seltene Darstellung dieses Engelsfürsten, den wir sonst, wie auf dem hinteren rechten Seitenaltar, mit dem Flammenschwert kennen, weil er die Befugnis hat festzustellen, wer in den Himmel kommt und wem der Zutritt verwehrt wird.

Im Andechser Himmel schwingt Michael dagegen den Dirigentenstab, der die unterschiedlichen Stimmen zum Einklang bringt. Es ist ein ausdrucksstarkes und hoffnungsvolles Bild bei aller Disharmonie des Lebens. Nicht Trennung, Scheidung und Eintönigkeit, sondern polyphoner Einklang, Zusammenspiel und Harmonie sind die Vollendung unseres Daseins.

In der Mitte des Freskos sehen wir das Dreieck, Symbol der Dreifaltigkeit, und darin in hebräischen Buchstaben den Gottesnamens „Jahwe – Ich bin da!“ Hier wird deutlich, dass Gottesdienst zunächst immer Dienst Gottes an uns Menschen ist, indem ER für uns da ist. Die Mönchsgemeinschaft soll wissen, dass Gott ihr zusagt, was Benedikt im Prolog seiner Regel ihm in den Mund legt: „Noch bevor ihr zu mir ruft, sage ich zu euch: Seht, ich bin da“ (RB Prol 18).

Mit dem Blick auf den oberen Hochaltar, wo Maria als die Empfangende dargestellt ist, darf sich auch der Mönch voll Vertrauen dem Wirken Gottes öffnen. Ihr zur Seite stehen als Assistenzfiguren der Mönchsvater Benedikt und seine Schwester Scholastika, die wie Maria als Hörende in ihrem Leben offen waren für Gottes Anruf.

Hl. Florian rechts vom oberen Hochaltar

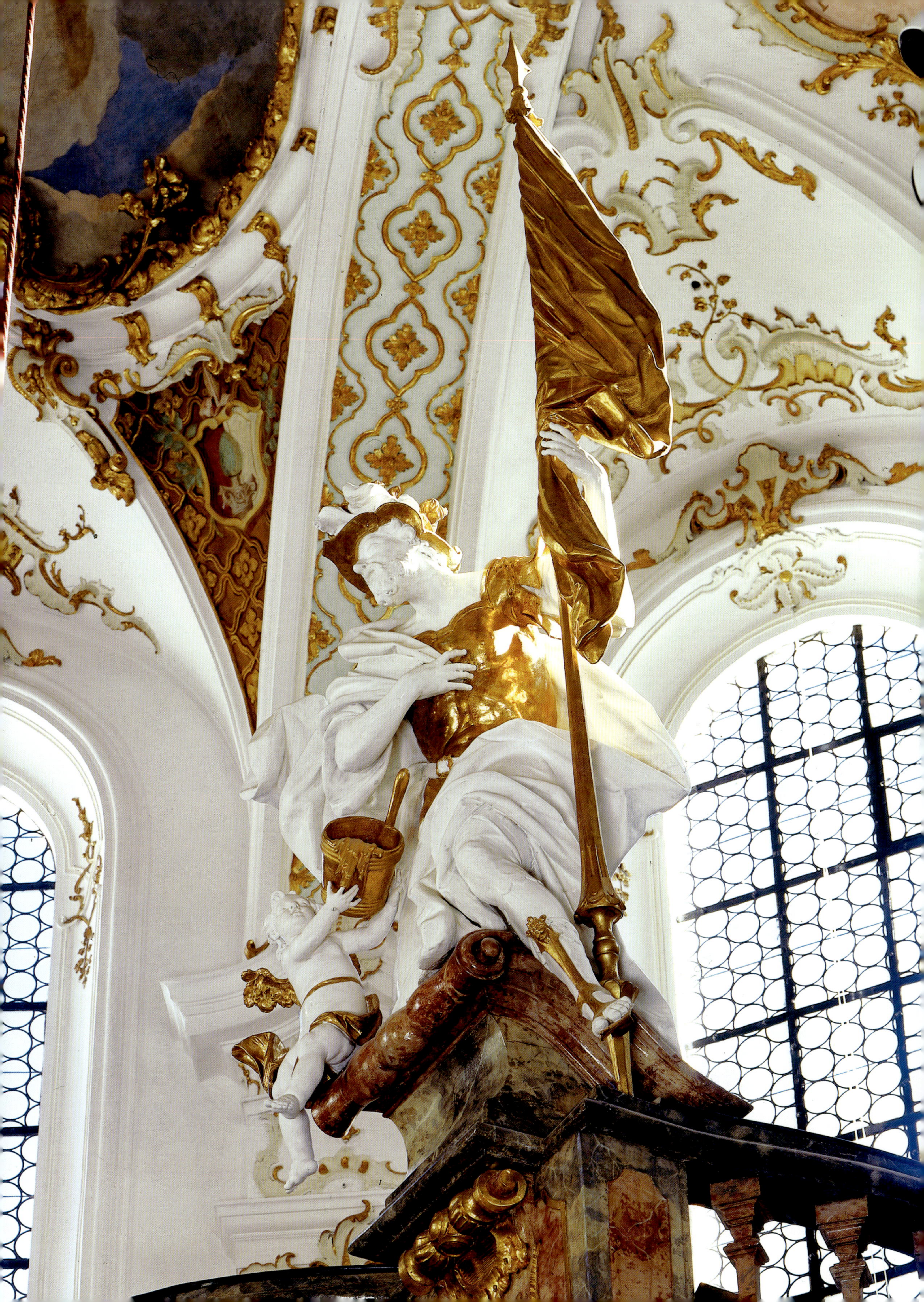

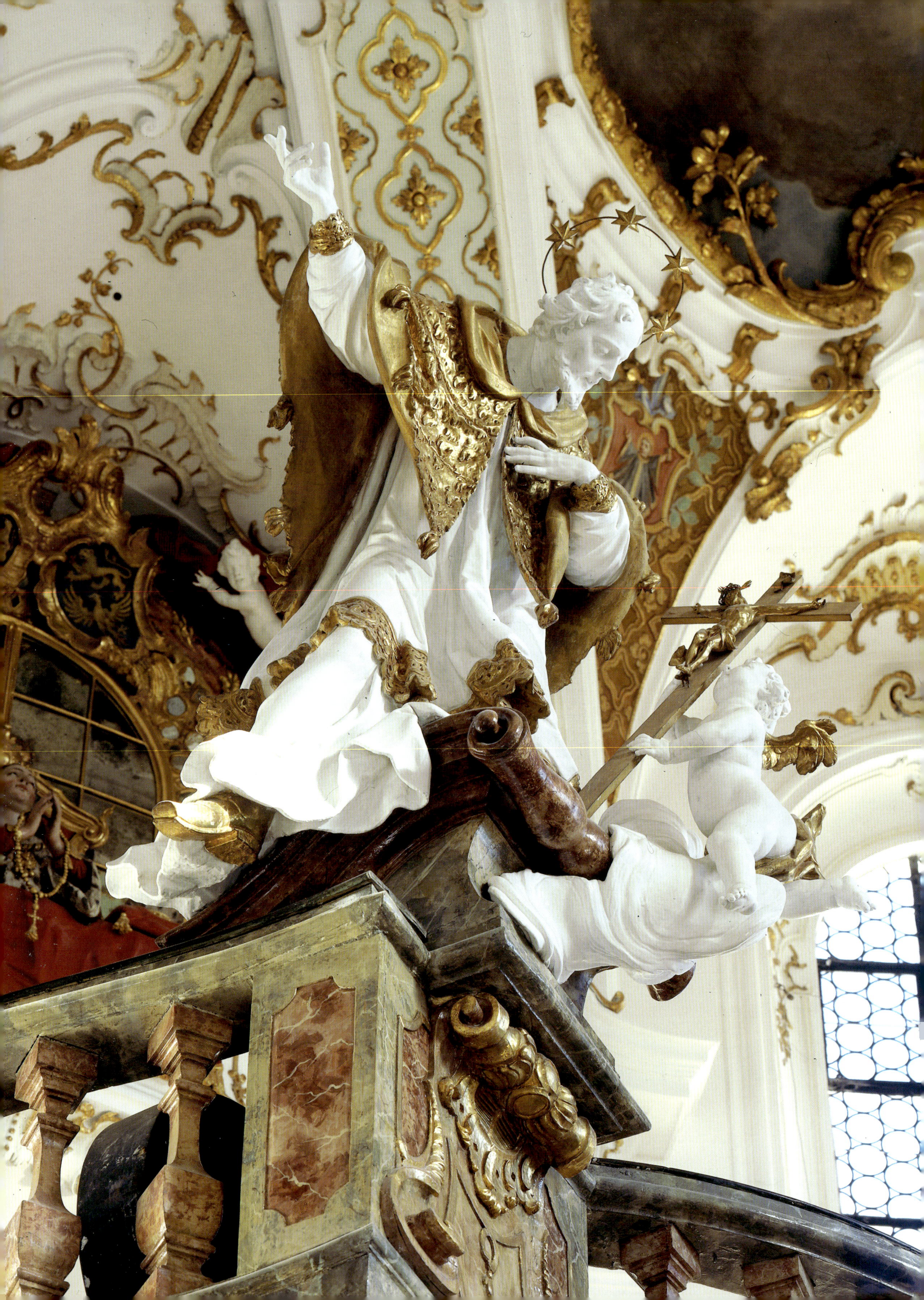

In allen Stürmen behütet – eingeladen zum Fest des Lebens

Wir sehen im Raum vor dem oberen Hochaltar die Figuren des hl. Johannes Nepomuk († 1393) und des hl. Florian († 304), beides beliebte Heilige der Barockzeit, Figuren, die kunstvoll von Franz Xaver Schmädl geschaffen wurden. Sie stehen für die bedrohlichen Naturgewalten Wasser und Feuer, denen sowohl die Pilger als auch der Heilige Berg immer wieder ausgesetzt waren. Schon Ende des 18. Jahrhunderts ließ der naturwissenschaftlich hoch gebildete letzte Andechser Abt Gregor Rauch († 1812) am Kirchturm Blitzableiter installieren. Ein Porträtbild des Abtes im Kapitelsaal des Klosters erinnert daran. Weniger aufgeklärte Theologen sahen freilich darin einen Frevel. Nach ihrer Meinung durfte es sich der Mensch nicht anmaßen, der Schöpfergewalt Gottes durch Errungenschaften der modernen Technik Einhalt zu gebieten. Das Gebet zum hl. Florian, der nicht nur Patron gegen Blitzschlag, sondern auch der Bierbrauer ist, sollte genügen.

Wahrscheinlich aber braucht es beides, so die Überzeugung des Abtes: den Verstand und das Gebet und freilich auch die Bereitschaft, aus Irrtümern zu lernen.

Während Florian für die vernichtende Gewalt des Feuers steht, erinnert die Figur des hl. Johannes Nepomuk an die lebensbedrohende Kraft des Wassers. Dieser war Beichtvater der böhmischen Königin. Weil Nepomuk auf Drängen ihres Gemahls das Beichtgeheimnis nicht brach, wurde er in Prag von der Karlsbrücke gestürzt und in der Moldau ertränkt. Seitdem ist er Patron sowohl der Beichtenden als auch aller, die über Gewässer übersetzen. Auf vielen Brücken ist er zu sehen mit seinen fünf Sternen um das Haupt. Diese stehen für die fünf Buchstaben des lateinischen Wortes „tacui", was ins Deutsche übersetzt heißt: „Ich habe geschwiegen!" Für viele, die sich im Sakrament der Versöhnung von ihren Sünden und Verfehlungen erleichtern, steht er dafür, dass uns Gott auch mit unseren dunklen Seiten annimmt und Versöhnung schenkt, ohne uns dabei öffentlich bloß zu stellen. Bei ihm sind wir geborgen. Ebenso beschützt er uns in allen Stürmen des Lebens, wie es manche Wallfahrergruppe erleben musste, wenn sie in alter Zeit mit Flößen über den Ammersee übersetzte, und dabei in Sturm und Unwetter unbeschadet geblieben war. Manche Votivtafel, die am Aufgang zur Heiligen Kapelle und unter der Empore angebracht ist, erinnert an diese schützende und heilende Hand Gottes.

Mit der Sakristei, die dem hl. Antonius geweiht ist, und der Josephskapelle auf der Südseite, sowie der „Thörringschen Kapelle" und der „Schmerzhaften Kapelle" auf der Nordseite, ist die Kirche von einem schmucken Kapellenkranz umgeben. Besonders die „Schmerzhafte Kapelle", deren Altar eine ansprechende Pietà aus dem 17. Jahrhundert ziert, lädt ein zum Verweilen im stillen Gebet.

Schließlich befindet sich im Westen, unter der Orgelempore das „Wachsgewölbe". Hier stehen nebeneinander aufgereiht die vielen Kerzen der Andechser Wallfahrtsgemeinden, die kunstvoll und zumeist reich verziert wurden. Es ist ein schöner Brauch, dass die eigene Kerze an den Hochaltar gestellt wird, wenn die Gemeinde zur jährlichen Wallfahrt kommt. Damit wird der menschlichen Sehnsucht Raum geschenkt, bei all dem, was unser Leben dunkel bedroht, etwas Bleibendes in der Nähe des Heiligen zu haben, das Heil und Licht bedeutet.

Hl. Johannes Nepomuk links vom oberen Hochaltar

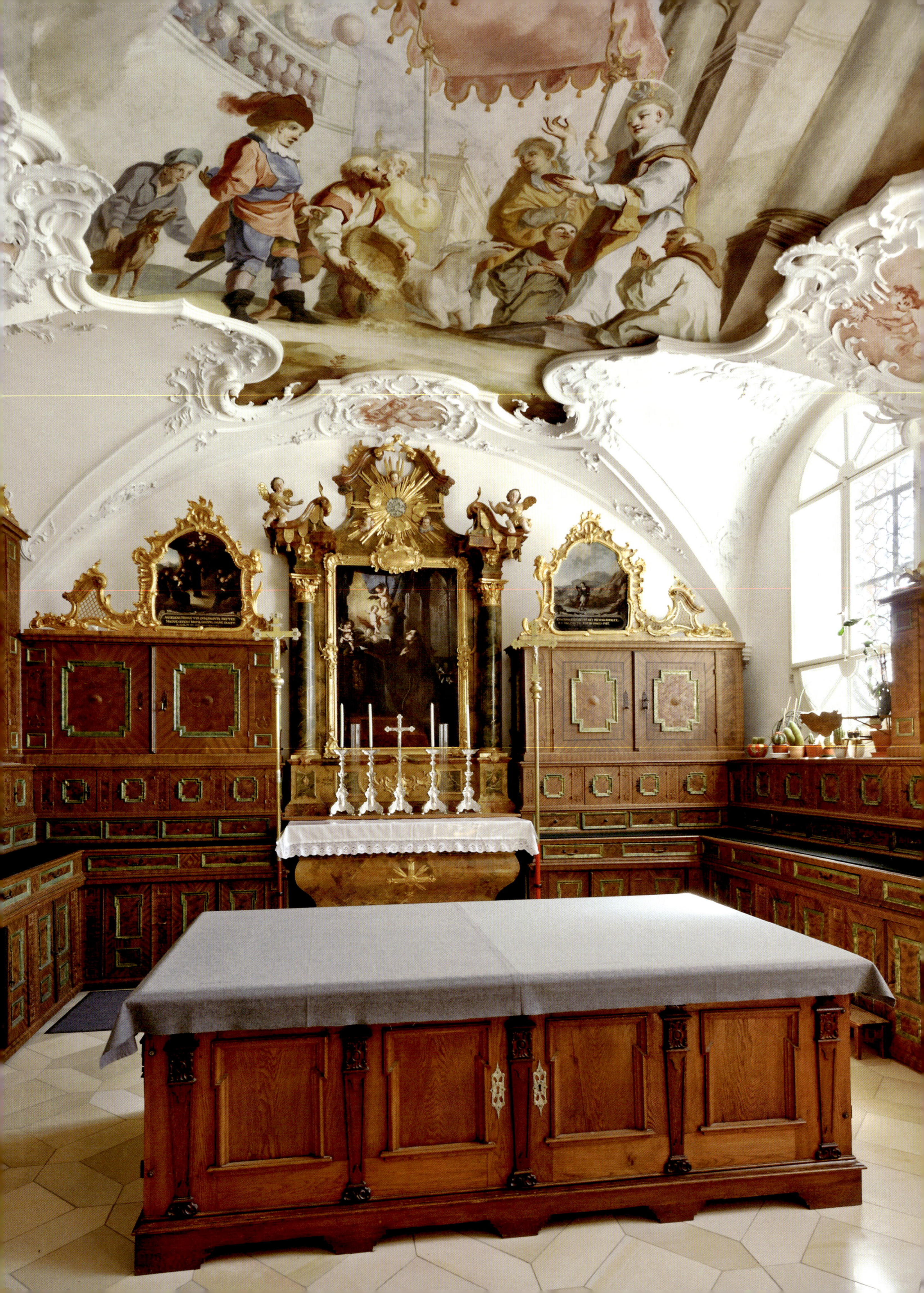

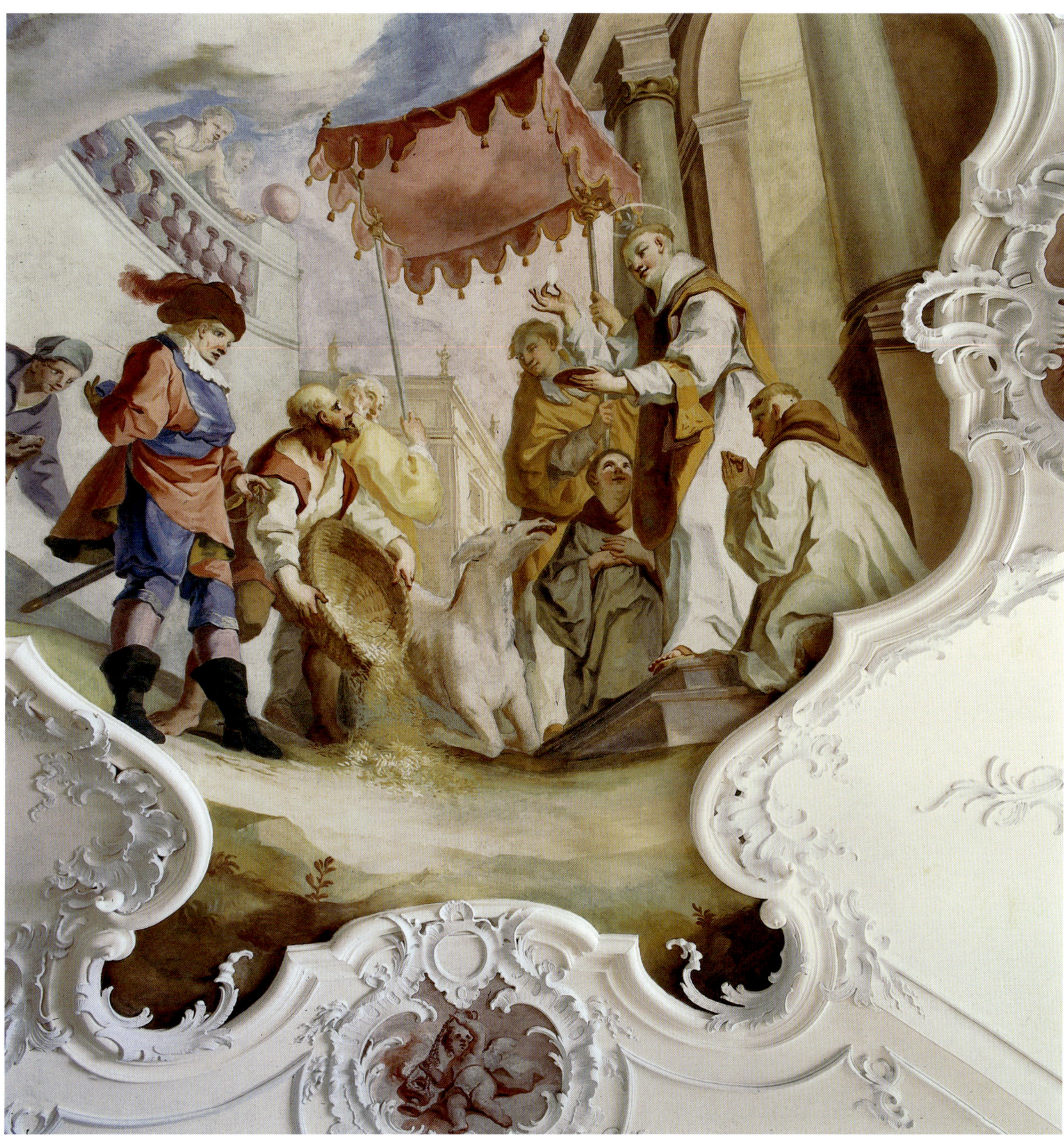

Deckenfresko der Sakristei: Detail mit Szene aus dem Leben des hl. Antonius von Padua

Seite 98:
Wachsgewölbe

Seite 99:
oben: Pietà aus der Schmerzhaften Kapelle
unten links: Grabplatte für Albrecht III. vor dem Hochaltar
unten rechts: Grabplatte für Carl Orff in der Schmerzhaften Kapelle

Sakristei

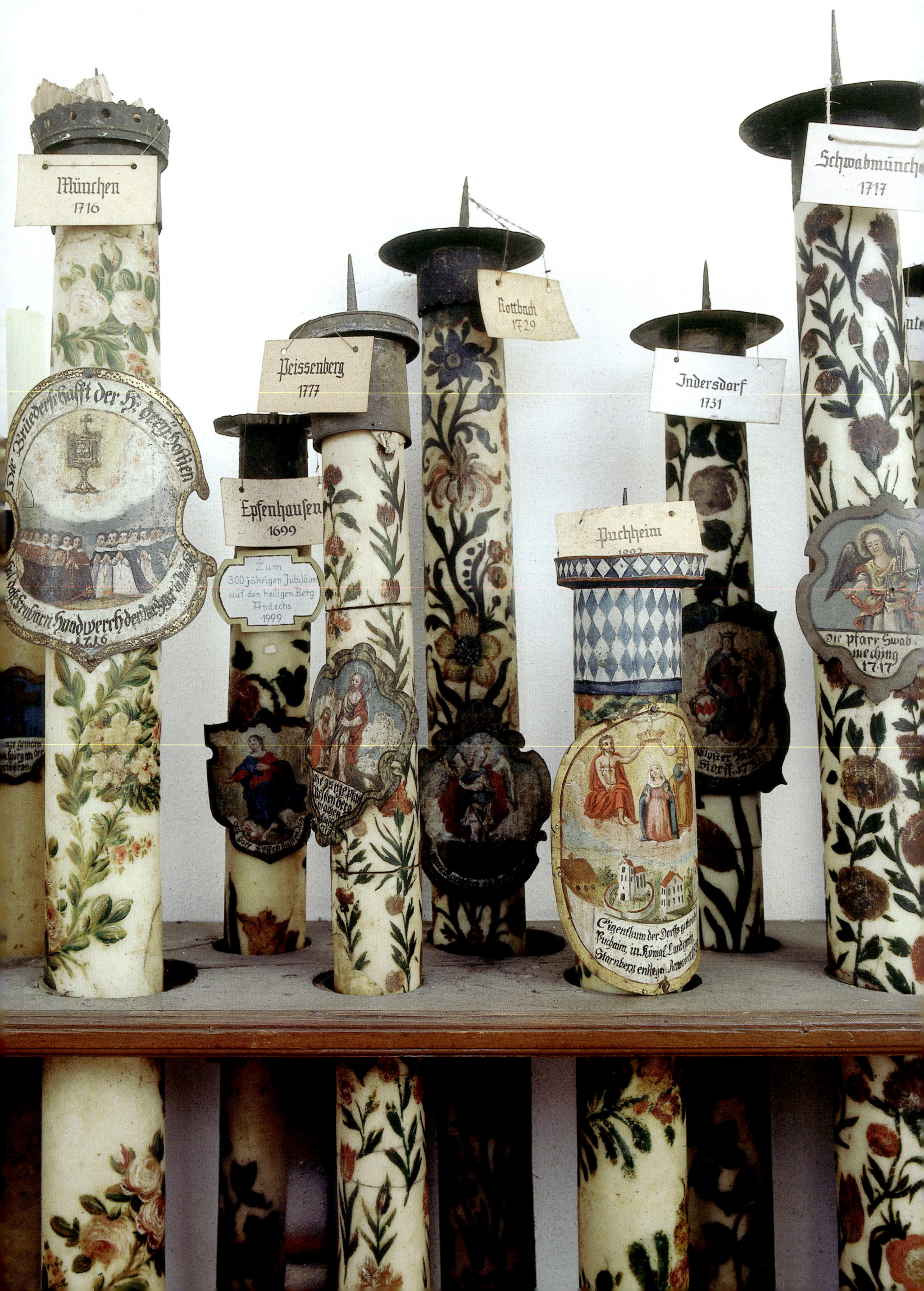

München
1716
Peissenberg
1777
Rottbach
1729
Indersdorf
1731
Schwabmünch
1717
Epfenhausen
1699
Zum
300 jährigen Jubiläum
auf den heiligen Berg
Andechs
1999
Puchheim
Die pfarr Swab
me ching
17.17

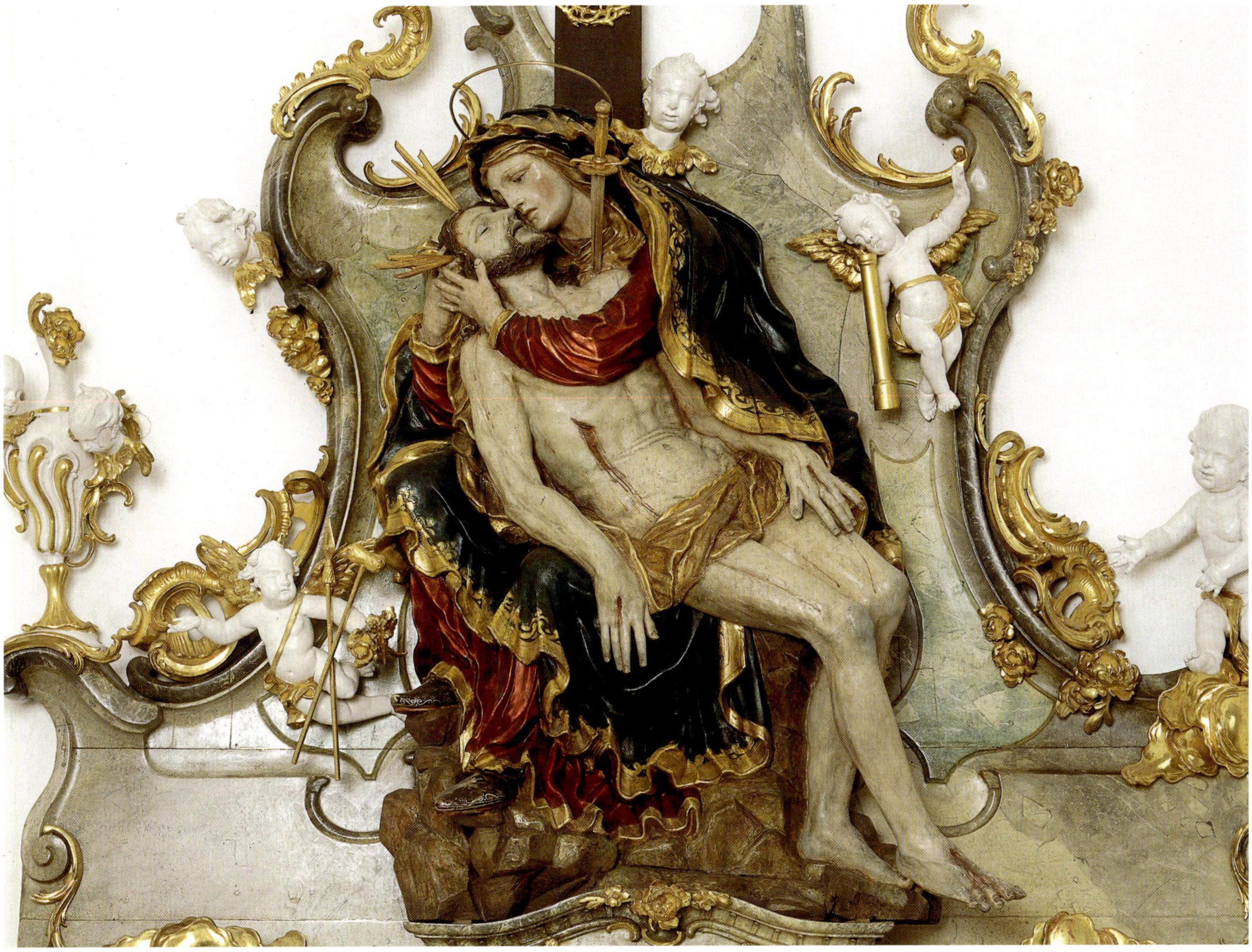

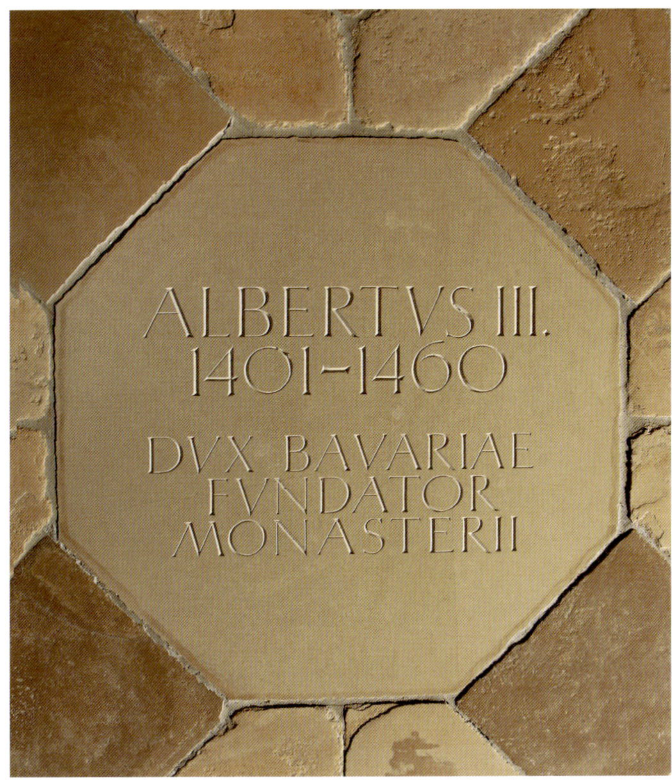
ALBERTVS III.
1401-1460
DVX BAVARIAE
FVNDATOR
MONASTERII

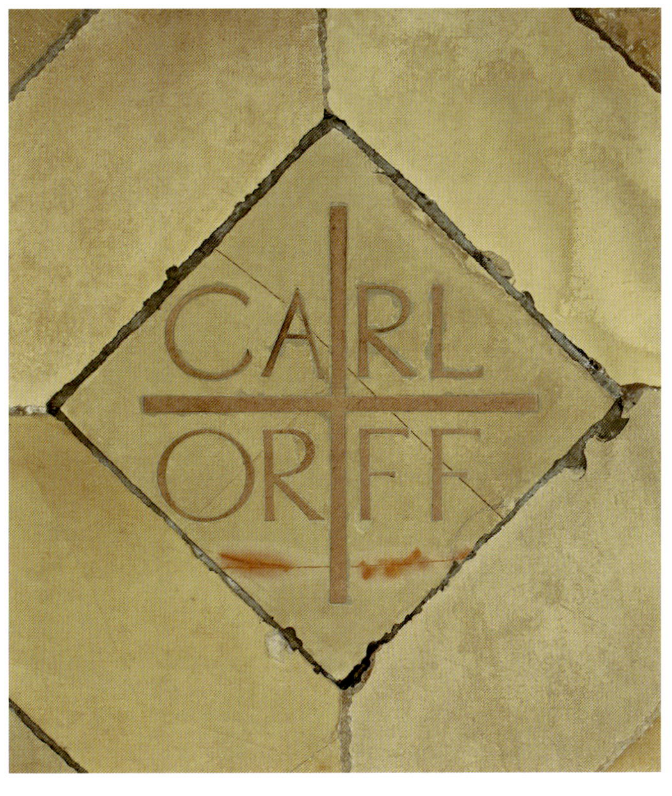
CARL
ORFF

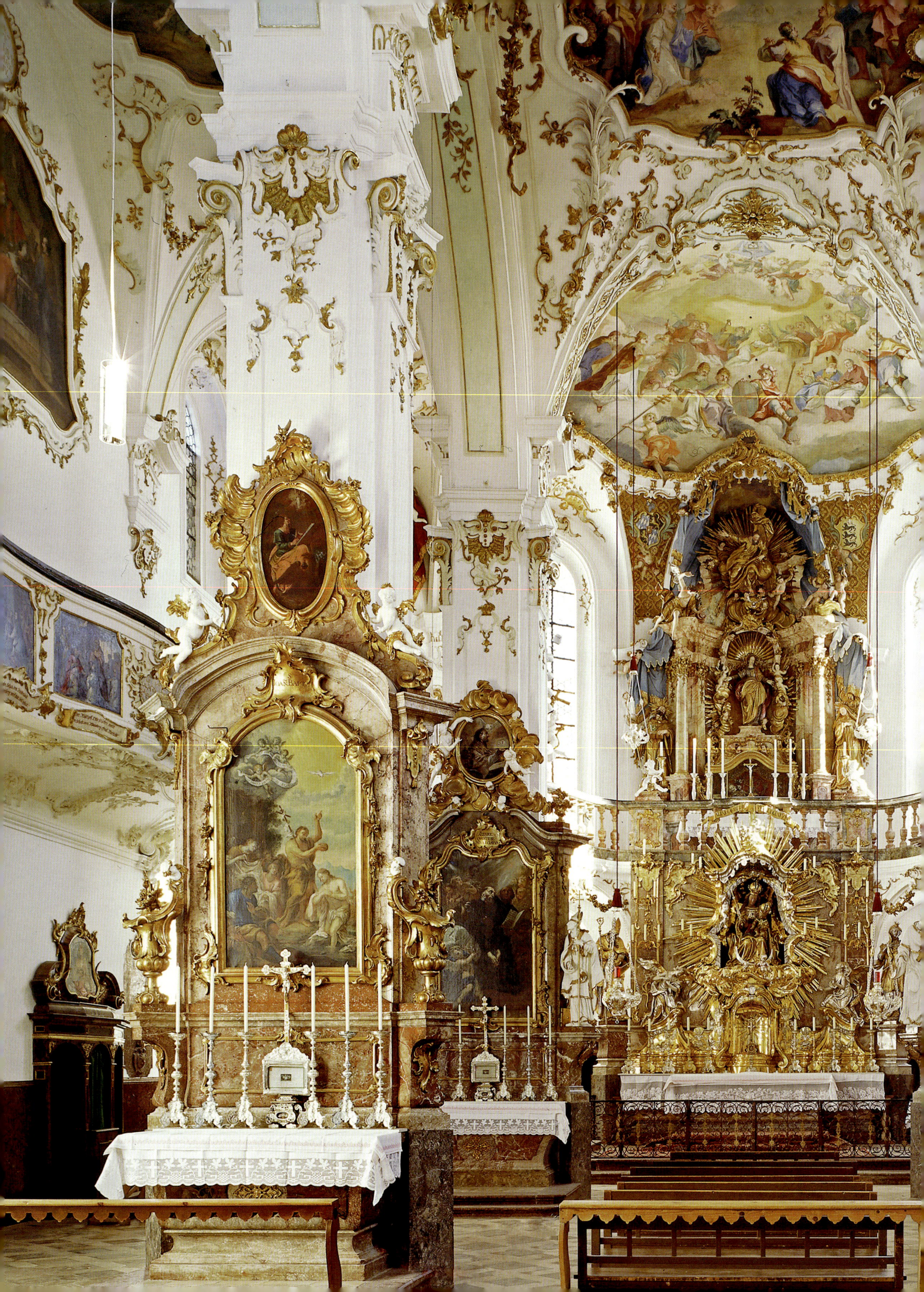

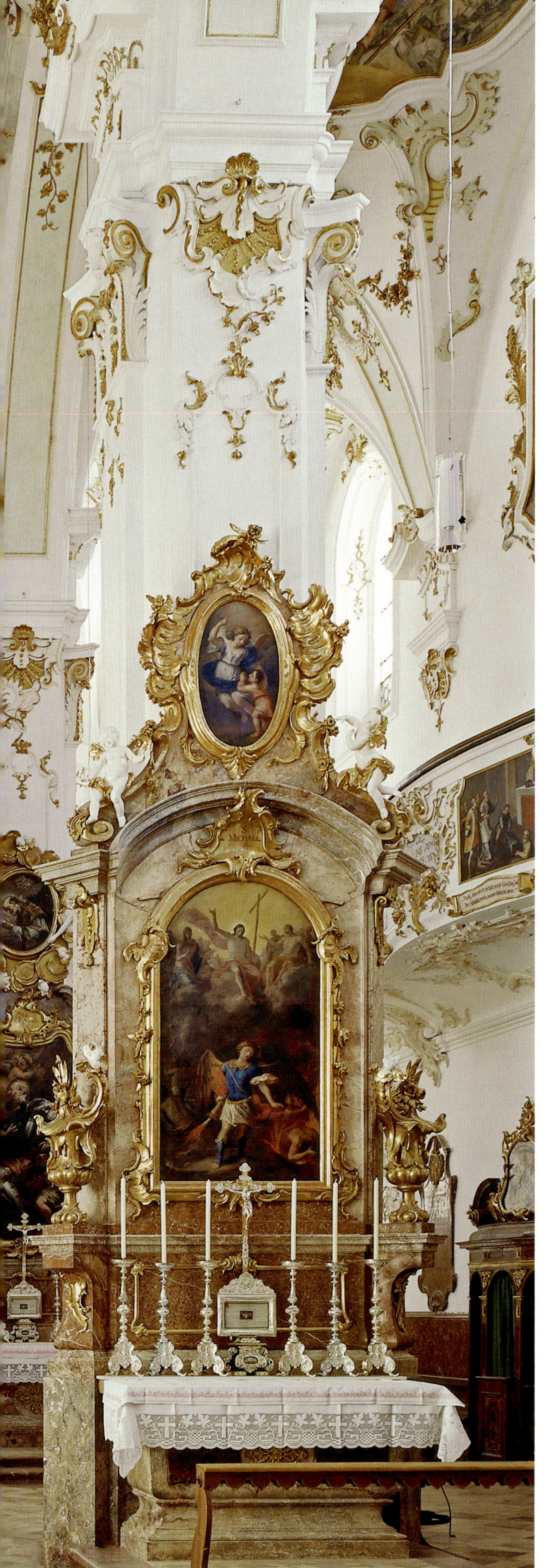

Innenansicht der Wallfahrtskirche

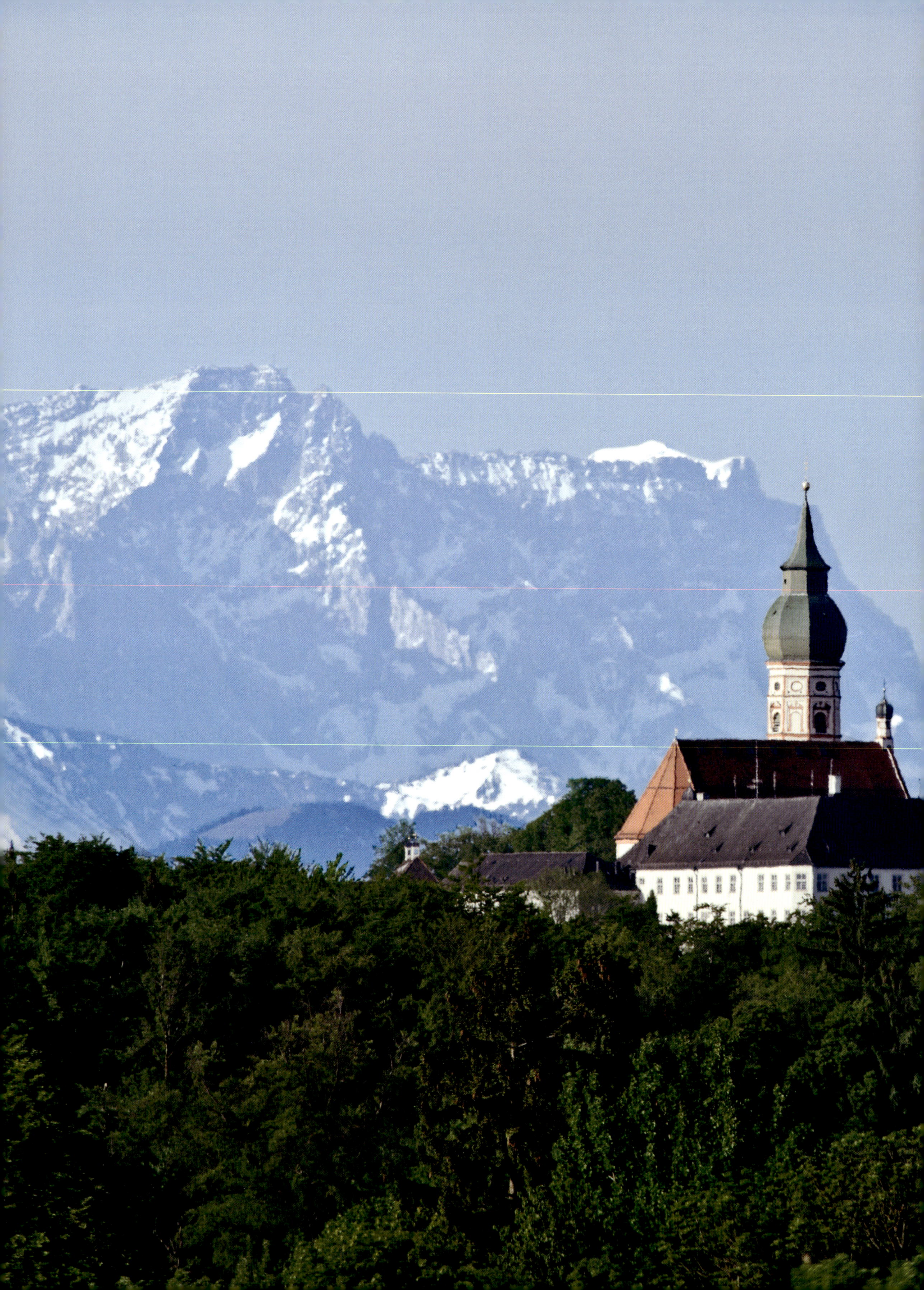

Selbstredend mag mancher Besucher der Wallfahrtskirche nach unserem Rundgang zunächst überwältigt sein von der Fülle und Prachtentfaltung des Rokoko. Letztlich ist sie künstlerischer Ausdruck des Glaubens, dass Gott mit dem Menschen ist, wie es der Gottesname „Jahwe“ – „Ich bin da“ ins Wort bringt. In seiner verschwenderisch anmutenden Pracht will der Innenraum der Wallfahrtskirche gleichsam ein Stück Himmel auf die Erde bringen bzw. den Besucher in die Lebensfülle der Ewigkeit entrücken.

Weithin ins Land sichtbar lädt Bayerns heiliger Berg somit die Völker und Menschen aller Zeiten zur Gottesbegegnung ein, wie sie uns der Prophet Jesaja beschrieben hat:

„Der Herr der Heere
wird auf diesem Berg für alle Völker
ein Festmahl geben
mit den feinsten Speisen,
ein Gelage mit erlesenen Weinen,
mit den besten und feinsten Speisen,
mit besten, erlesenen Weinen.
Er zerreißt auf diesem Berg die Hülle,
die alle Nationen verhüllt,
und die Decke, die alle Völker bedeckt.
Er beseitigt den Tod für immer.
Gott, der Herr,
wischt die Tränen ab von jedem Gesicht.
Auf der ganzen Erde nimmt er
von seinem Volk die Schande hinweg.
Ja, der Herr hat gesprochen“
(Jes 25, 6–8).

Seite 104/105
Luftaufnahme von Andechs von Südosten

Andechs von Norden mit Blick auf die Zugspitze

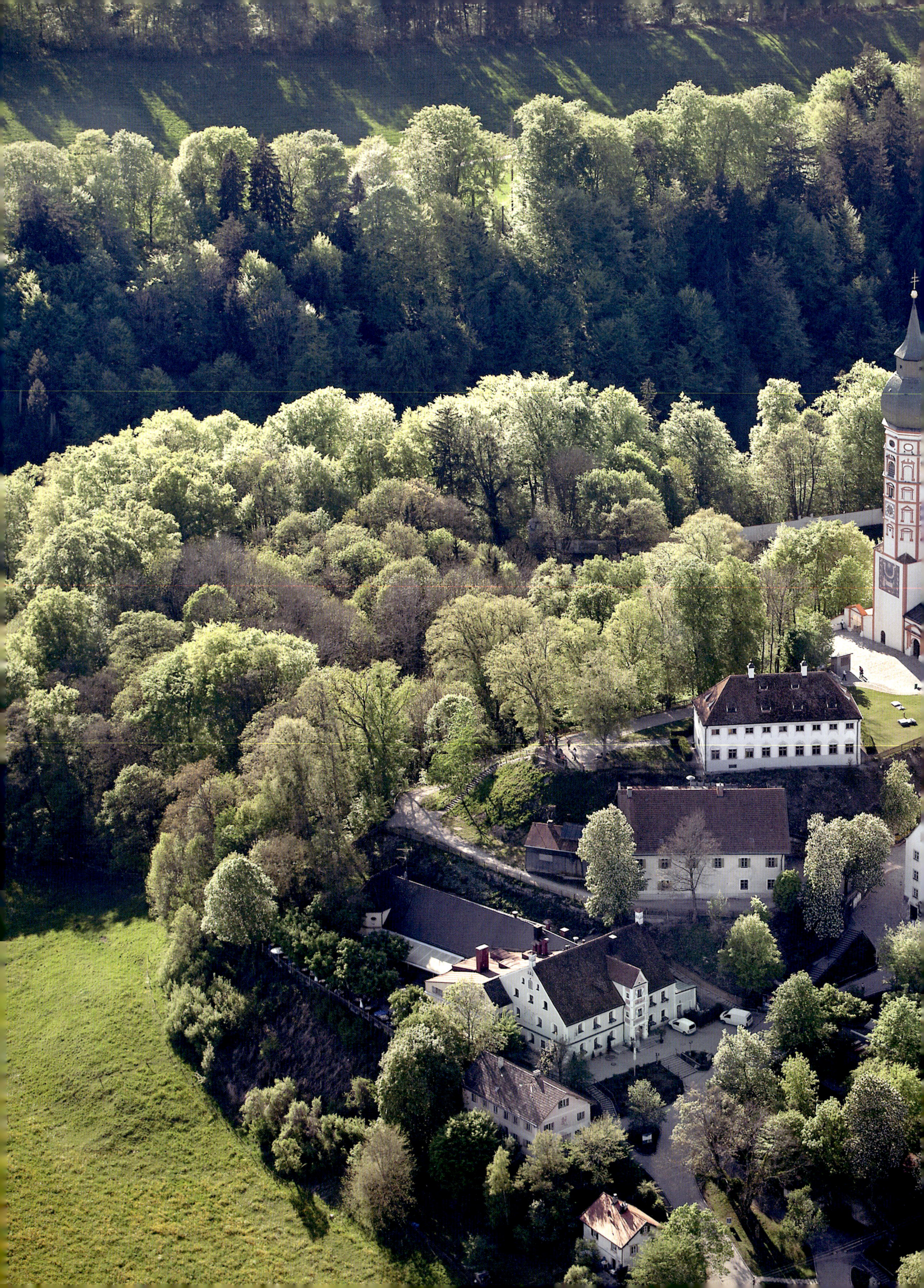

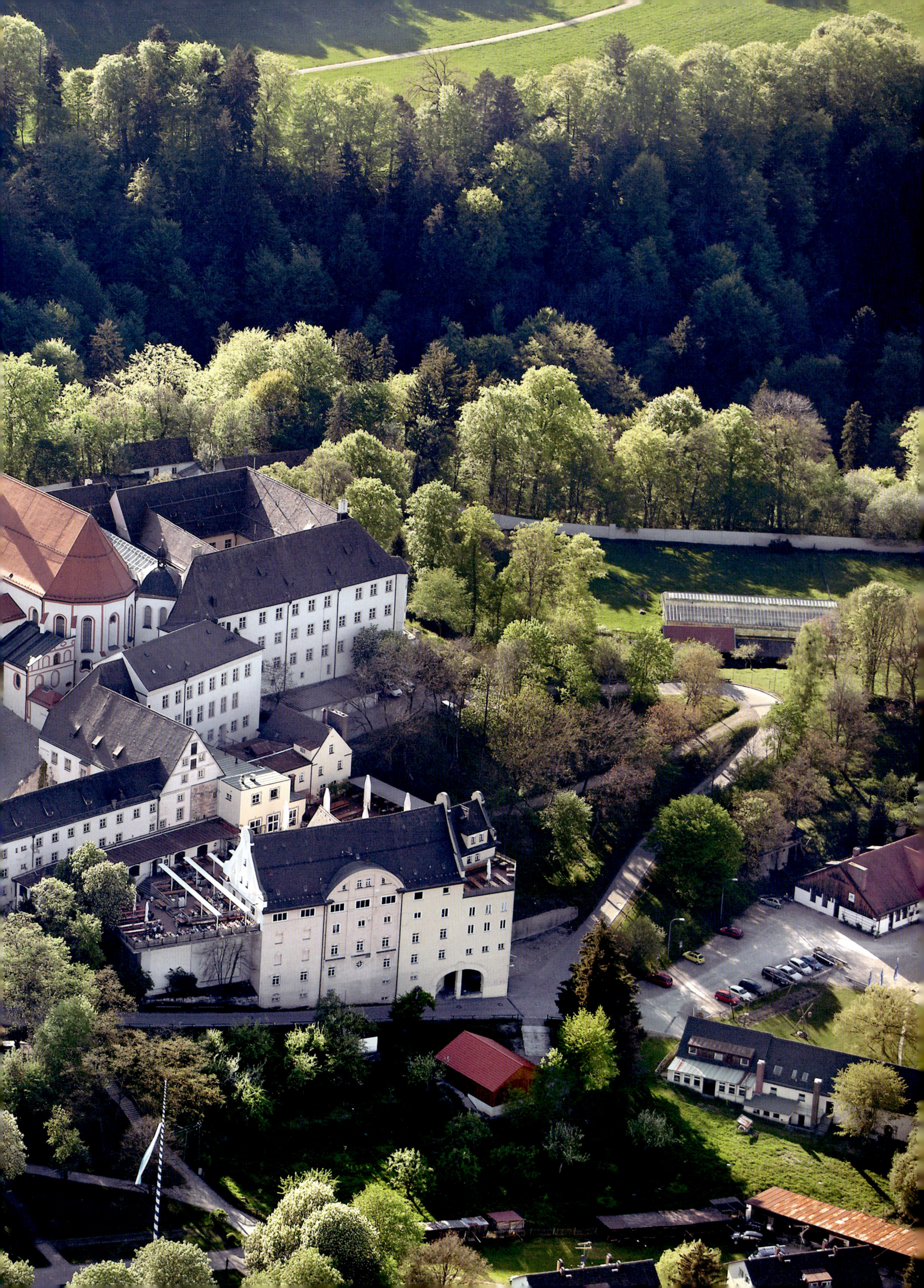

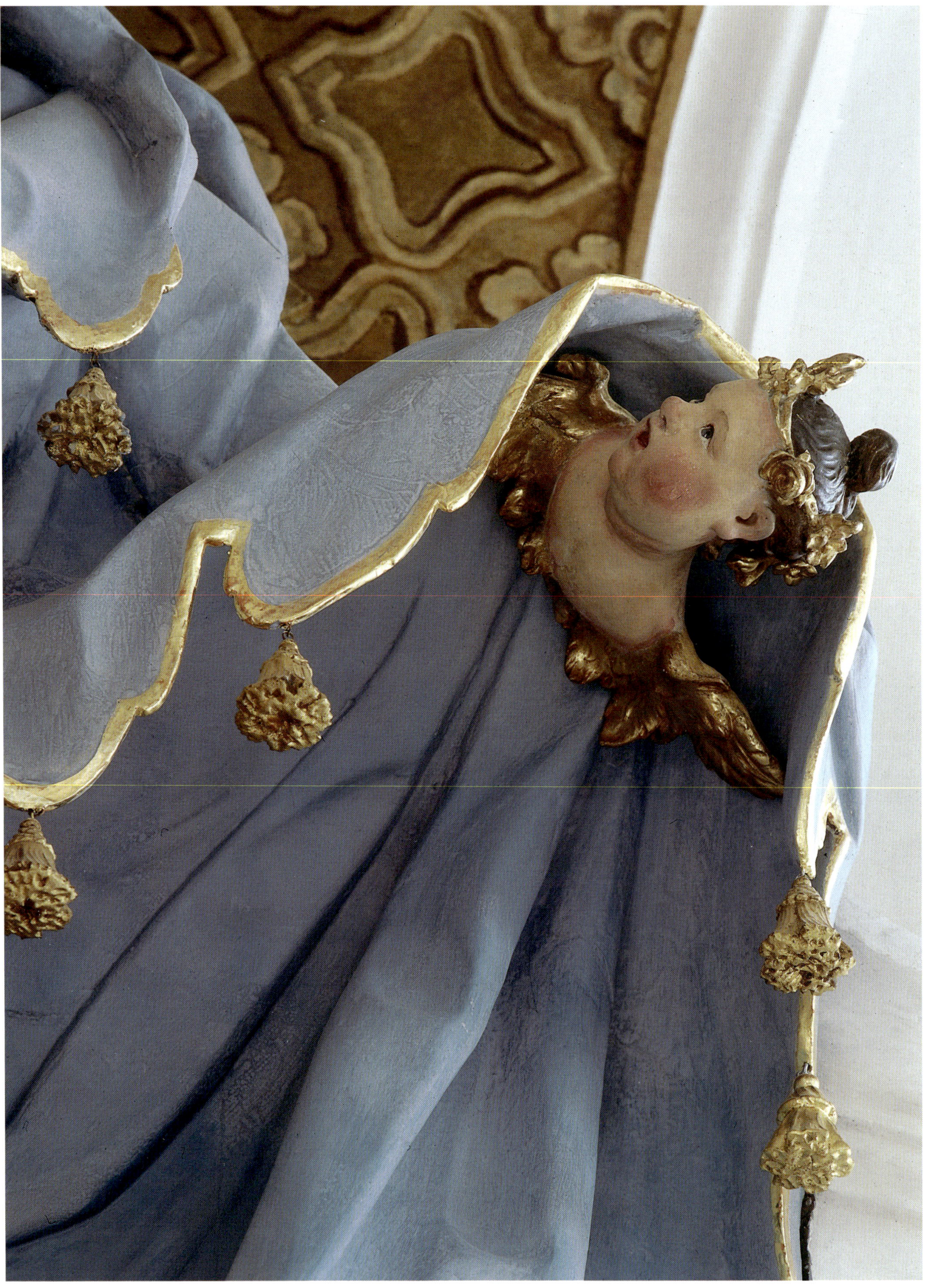

Zeittafel

954 Tod Graf Rassos, legendärer Ahnherr der Andechser Grafen.

1080 Urkundliche Erstnennung von Andechs als „Andehse".

1128 Erste historisch nachweisbare Wallfahrt nach Andechs auf Geheiß Graf Bertholds II.

1132 Burg Andechs Hauptsitz der Grafen von Dießen-Andechs, nachdem der Stammsitz Dießen in ein Augustiner-Chorherrenstift umgewandelt worden war.

1172 Belehnung Graf Bertholds III. von Dießen-Andechs durch Kaiser Friedrich Barbarossa mit der Markgrafschaft Istrien und damit Erhebung in den Reichsfürstenstand.

1176 Geburt der hl. Hedwig auf Burg Andechs.

1180 Belehnung Graf Bertholds III. von Dießen-Andechs mit dem Herzogtum Meranien (Istrien).

1188–1204 Unter Graf Berthold IV. Höhepunkt an Macht und Ansehen für das Geschlecht der Andechs-Meranier.

1208 Hochzeit Graf Ottos I. von Andechs-Meranien mit Beatrix, der Nichte König Philipps von Schwaben, in Bamberg und Ermordung des Königs durch Otto von Wittelsbach.
Andechser im Verdacht der Mittäterschaft, Verhängung der Reichsacht.

1211/1220 Rehabilitierung der Andechs-Meranier.

1235/36 Heiligsprechung Elisabeths von Thüringen (1207–1231), einer Enkelin Bertholds IV. von Andechs.

1246 Zerstörung der Burg Andechs durch die Wittelsbacher, nur die dem hl. Nikolaus geweihte Burgkapelle bleibt erhalten. Der Reliquienschatz gilt fortan als verschollen.

1248 Tod Ottos II. als letztem Herzog von Meranien und Graf von Andechs.

1267 Heiligsprechung Hedwigs von Schlesien (gest. 1243).

1388 Wiederauffindung des Andechser Reliquienschatzes durch die legendäre Andechser Maus. Neubeginn der Wallfahrt.

1389 Überführung des Schatzes in die Hofkapelle St. Lorenz nach München und Präsentation zur Verehrung während des ersten außerhalb Roms gefeierten Heiligen Jahres 1392. Danach Rückführung nach Andechs.

1392 Gründung eines ersten Benediktinerklosters auf dem Andechser Burgberg ohne dauerhaften Bestand.

1416 Übernahme der Seelsorge und Betreuung der Wallfahrt in Andechs durch die Augustiner-Chorherren von Dießen.

1423 Bau einer dreischiffigen gotischen Hallenkirche durch Herzog Ernst als Bauherrn.
Von ihm stammt auch der Name „Heiliger Berg".

1438 Errichtung eines Kollegiatstifts zur Betreuung von Wallfahrt und Reliquien.

17.3.1455 Gründung eines Benediktinerklosters durch Herzog Albrecht III. und Besiedelung mit Mönchen aus Tegernsee.

23.4.1455 Einzug der Tegernseer Mönche.

10.4.1458 Ausstellung der Stiftungsurkunde durch Herzog Albrecht III. und Erhebung zur selbstständigen Abtei mit Wahl des ersten Abtes Eberhard Stöcklin (1458–1462).

1459–1473 Erweiterung von Kirche und Kloster, u. a. Ausstattung zahlreicher Kapellen.

1460 Tod Herzog Albrechts III. und Beisetzung in der Andechser Kirche.

1494 Andechser Heiltumsaltar.

Detail vom oberen Hochaltar

1494	Über der ehemaligen Münchner Synagoge errichtetes sog. Grufthaus durch Stiftung an Andechs. Damit besitzt das Kloster bis zur Aufhebung 1803 ein Münchner Stadthaus.
ab 1520	Jahre der Krise vor dem Hintergrund des allgemeinen Niedergangs kirchlichen Lebens.
1540–1588	Vier Äbte und fünf Administratoren aus anderen Klöstern an der Spitze der Gemeinschaft, starke herzogliche Einflussnahme auf dessen Geschicke.
1588	Beginn der Konsolidierung unter Abt David Aichler (1588–1596).
1588–1594	Errichtung der sog. Vöhlinschen Kapelle (seit 1966/67 Hedwigskapelle) und des dazugehörigen Erkers an der Südseite der Wallfahrtskirche und Einebnung des davor liegenden Plateaus zum sog. Fronhof.
1595	Herausgabe der Andechser Chronik durch Abt David Aichler.
1598	Übertragung der Propstei Paring an das Kloster.
1607	Renaissanceausstattung für die Kirche.
1608	Bau der ersten Orgel.
1610	Neuer Gnadenaltar durch den Weilheimer Bildhauer Hans Degler (heute Madonna vom oberen Hochaltar).
1623	Gründung der Salzburger Benediktineruniversität unter maßgeblicher Beteiligung von Andechs.
1627–1645	Tagebuch aus dem Dreißigjährigen Krieg des späteren Abtes Maurus Friesenegger (1640–1655).
1630	Gründung einer Dreihostienbruderschaft.
3.5.1669	Klosterbrand durch Blitzschlag und sofortiger Wiederaufbau (bis 1676).
1679	Oberer Hochaltar.
1683/84	Gründung der Bayerischen Benediktinerkongregation.
1755	300-jähriges Gründungsjubiläum mit neuer Ausstattung im Stil des Rokoko unter Abt Bernhard Schütz (1746–1759).
17.3.1803	Säkularisation.
1804	Verkauf der ehemaligen Klostergebäude an Johann Christoph Freiherrn von Aretin. Bis zum Erwerb durch König Ludwig I. 1846 gehen die Gebäude durch viele private Hände.
1846	Nach dem Kauf durch König Ludwig I. als künftiges Wirtschaftsgut für die in München geplante Benediktinerabtei St. Bonifaz Betreuung durch Mettener Benediktiner.
1850	Gründung der Abtei St. Bonifaz in München durch König Ludwig I. und Übertragung von Andechs als Wirtschaftsgut der Abtei.
1856–1925	St.-Nikolaus-Anstalt in Andechs.
1857–1900	Pater Magnus Sattler Prior von Andechs: umfangreiche Erneuerungen, Instandsetzungen und Sanierungen.
1871	Errichtung der sog. Friedenskapelle in Sichtweite des Klosters, ab 1887 vom Friedhof der Mönche umgeben.
1877	„Chronik von Andechs" von Pater Magnus Sattler.
1907–1933	St.-Gregorius-Anstalt in Rothenfeld bei Andechs.
1906/07	Bau der neuen Mälzerei.
1907	700-Jahrfeier der Geburt der hl. Elisabeth.
1929	Geschenk einer Schädelreliquie der hl. Hedwig an Andechs durch Adolf Kardinal Bertram von Breslau.
1931	Feier zum 700. Todestag der hl. Elisabeth.
1941/42	Renovierung der Kirche.
1952	Wiedereröffnung des Bräustüberls nach dem Zweiten Weltkrieg.
1967	700-Jahrfeier der Heiligsprechung Hedwigs von Schlesien.
1974–1983	Neubau der Brauerei (seitdem laufende Erweiterungen).
1980	Errichtung des Wittelsbacher Friedhofs unterhalb der Wallfahrtskirche.
1990	Abschluss der Restaurierung von Fürstenzimmern und Alter Bibliothek.
1993	Bayerische Landesausstellung „Herzöge und Heilige" zum 750. Todesjahr der hl. Hedwig von Schlesien.
2000–2005	Außen- und Innenrenovierung der Wallfahrtskirche.
2005	Jubiläumsfeiern: 550 Jahre Benediktinerkloster und 250 Jahre barocke Wallfahrtskirche.
2007	800-Jahrfeier der Geburt der hl. Elisabeth.

Die Äbte von Kloster Andechs

Abt Eberhard Stöcklin, Profess von Tegernsee:
1455–1458 Prokurator, 1458–1462 Abt
Abt Johannes I. Hausmann, Profess von Benediktbeuern mit Übertragung der Stabilität auf Tegernsee: 1462–1475
Abt Andreas Oertl, Profess von Tegernsee: 1475–1492
Abt Johannes II. von Schrattenbach, Profess von Andechs: 1492–1521
Abt Christophorus Riedter von Bocksberg: 1521–1529
Abt Johannes III. Wiedmann: 8.2. bis 18.3.1530
P. Benedikt Stichl, P. Erhard und P. Andreas aus Polling: Administratoren 1530–1541
Abt Leonhard Schlecht, Profess von Benediktbeuern: 1541–1560
Abt Johannes IV. Ritter von Seyfried: 10.1. bis 15.4.1561
Abt Leonhard II. Hofmann: 1561–1566
P. Georg Gänsdorfer aus Tegernsee: Administrator 1565–1568
Abt Georg Zimmermann, Profess von Wessobrunn: 1567–1569
P. Caspar Kürbel von Wessobrunn: Administrator 1569–1570
Abt Joachim Kircher aus Zwiefalten: 1570–1572 Administrator, 1572–1588 Abt
Abt David Aichler aus Ottobeuren: 1588–1596
Abt Alexander Sauter aus Ottobeuren:
1596–1600 (Abt von Ottobeuren)
Abt Johannes V. Huttler: 1600–1610
Abt Michael Einslin: 1610–1640
Abt Maurus I. Friesenegger: 1640–1655
Abt Coelestin Probst: 1642–1655
Abt Maurus II. Rambeck: 1666–1686
Abt Quirin Wessenauer: 1686–1704
Abt Maurus III. Braun: 1705–1746
Abt Bernhard Schütz: 1746–1759
Abt Meinrad Moosmüller: 1759–1767
Abt Joseph Hörl: 1767–1775
Abt Johannes Baptist Bergmann: 1775–1790
Abt Gregor Rauch: 1791–1803

Die Äbte von St. Bonifaz in München und Andechs

Abt Paulus Birker: 1850–1854
Abt Bonifaz von Haneberg: 1854–1872 (Bischof von Speyer)
Abt Benedikt Zenetti: 1872–1904
Abt Gregor Danner: 1904–1919
Abt Bonifaz Wöhrmüller: 1919–1951
Abt Hugo Lang: 1951–1964
Abt Odilo Lechner: 1964–2003
Abt Johannes Eckert: 2003 a. m. a.

Orgel und Glocken

Die Andechser Orgel

Eine erste Andechser Orgel ist bereits Anfang des 17. Jahrhunderts überliefert. Der heutige Orgelprospekt stammt aus dem Jahr 1715. Das dreimanualige Werk mit 31 Registern kommt aus der Werkstatt von Thomas Jann in Allkofen und wurde 2005 geweiht.

Die Andechser Glocken

Heilig-Kreuz-/Wetterglocke von 1669, es′ (1350 kg, gegossen von Bernhard Ernst, München)
Marienglocke von 1949, as° (4300 kg, gegossen von Karl Czudnochowsky, Erding)
Josephsglocke von 1952, f′ (830 kg, gegossen von Karl Czudnochowsky, Erding)
Hedwigsglocke von 1975, c′ (2100 kg, gegossen von Engelbert Gebhard, Kempten)
Heilige-Engel-Glocke der Ottmaringer Wallfahrer von 2007, as′ (620 kg, gegossen von Rudolf Perner, Passau)

Die ersten vier Glocken stimmen zusammen das „Salve Regina" Hermanns des Lahmen († 1054) an, der als einer der vier „Kapläne Mariens" auf dem Rassoaltar der Andechser Kirche zu sehen ist (S. 71).

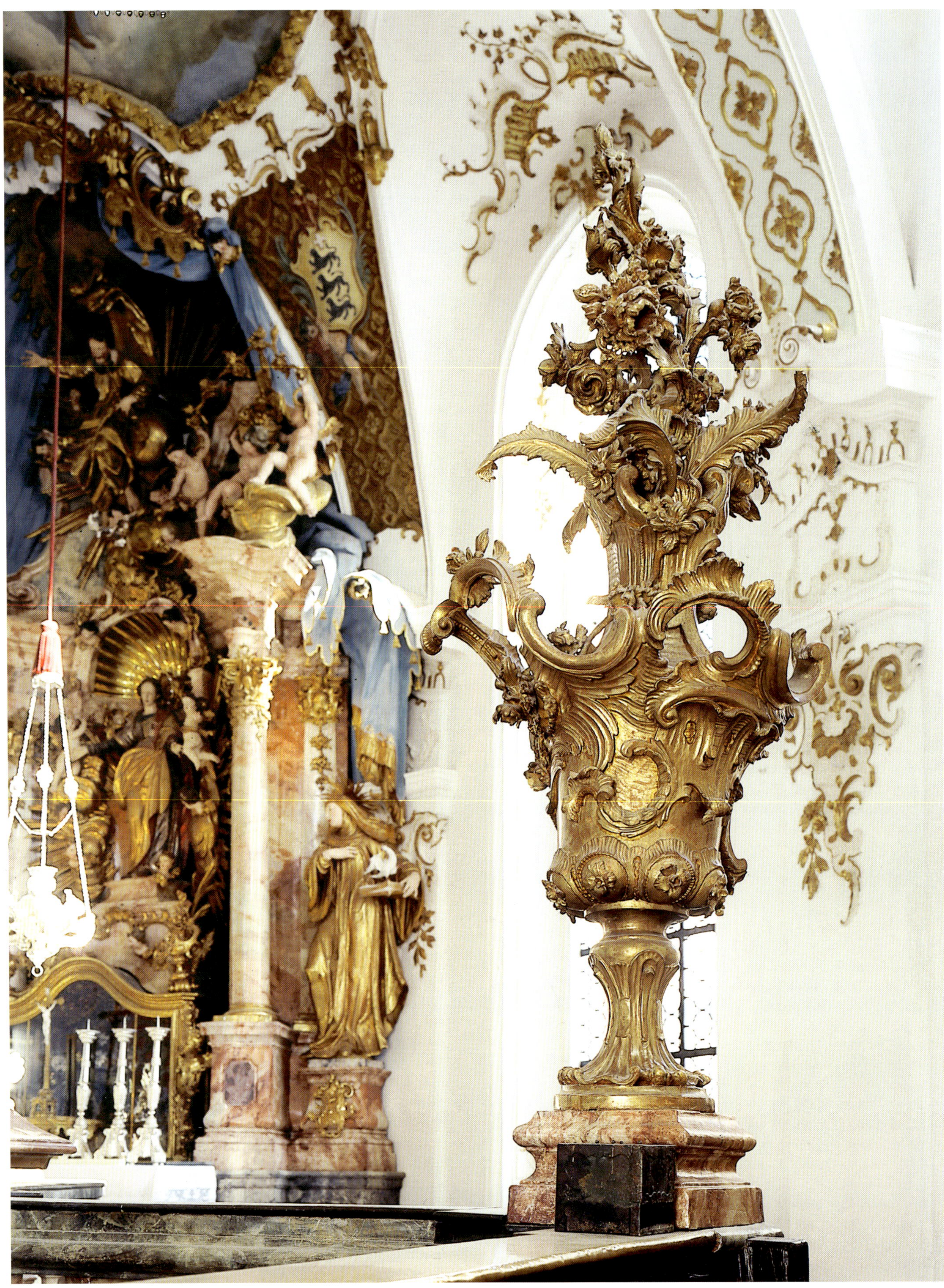

Stuckvase an der Empore

Literatur in Auswahl

AIGNER, Toni, Die Chronik von Andechs und der frühe Buchdruck, München 2008 (Edition Andechs 1).

ALTMANN, Lothar, Der Heilige Berg Andechs. Geschichte und Kunst, München 1986 (Großer Kunstführer Schnell & Steiner Nr. 19).

AMERELLER, Almut, Votiv-Bilder. Volkskunst als Dokument menschlicher Hilfsbedürftigkeit, dargestellt am Beispiel der Votiv-Bilder des Klosters Andechs, München 1965.

BAUER, Hermann, RUPPRECHT, Bernhard (Hrsg.), Corpus der barocken Deckenmalerei in Deutschland, Band 1, Freistaat Bayern. Regierungsbezirk Oberbayern, Die Landkreise Landsberg am Lech, Starnberg und Weilheim-Schongau, München 1976, S. 289-316.

BECK, Wolfgang Johannes, Andechs. Der Heilige Berg, Dachau 2005.

BOSL, Karl, LECHNER, Odilo OSB, SCHÜLE, Wolfgang, ZÖLLER Josef Othmar (Hrsg.), Andechs. Der Heilige Berg. Von der Frühzeit bis zur Gegenwart, München 1993 (bis dato umfassendste Darstellung aller Themenbereiche in zahlreichen Aufsätzen mit umfangreicher Bibliographie auch zu den vielen Einzelaufsätzen in den verschiedensten Publikationen).

ECKERT, Johannes OSB, Lebe, was du bist. Klug – gerecht – tapfer – maßvoll – Ein Brevier der Tugenden, München 2007.

ECKERT, Johannes OSB, Wohne bei dir selbst. Der Klosterplan als Lebensmodell, München 2009.

FOX, Angelika, Das Benediktinerkloster Andechs zwischen Säkularisation und Wiederbegründung, in: Zeitschrift für bayerische Landesgeschichte 56 (1993), S. 445 ff.

FRIED, Pankraz, Die Grafen von Dießen-Andechs. Markgrafen von Istrien, Pfalzgrafen von Burgund, Herzöge von Meranien, Dalmatien und Kroatien, Gründer des ehemaligen Augustiner-Chorherren-Stiftes Dießen, München und Zürich 1988 (Großer Kunstführer Schnell & Steiner Nr. 149).

GOTTSCHALL, Angelika, Das 300jährige Jubiläum des Benediktinerklosters Andechs im Jahre 1755. Programm und Ablauf der Festoktav, München 1982 (Ungedruckte Magisterarbeit an der Ludwig-Maximilians-Universität).

HLAWITSCHKA, Eduard, Andechser Anfänge. Beiträge zur frühen Geschichte des Klosters Andechs, St. Ottilien 2000 (Andechser Reihe Nr. 4).

HOGL, Kurt, Andechs. Bayerns heiliger Berg, Augsburg 1969.

JANKER, Stephan OSB, Andechs. Geschichte der Galeriebilder, Andechs 1987.

JANKER, Stephan OSB, Andechser Kostbarkeiten, Andechs 2001.

KELLER, Peter (Hrsg.), Zwischen Himmel und Erde. Mozarts geistliche Musik, Regensburg 2006.

KIRMEIER, Josef, BROCKHOFF, Evamaria (Hrsg.), Herzöge und Heilige. Das Geschlecht der Andechs-Meranier im europäischen Hochmittelaltar, Katalog zur Landesausstellung im Kloster Andechs 13. Juli – 24. Oktober 1993, München 1993.

KLEMENZ, Birgitta, PFISTER, Peter, SAGSTETTER, Maria Rita (Bearb.), Lebendige Steine. St. Bonifaz in München. 150 Jahre Benediktinerabtei und Pfarrei (Ausstellungskataloge der Staatlichen Archive Bayerns Nr. 42), München 2000.

KLEMENZ, Birgitta (Hrsg.), Kloster Andechs, Regensburg 2005 (Großer Kunstführer Schnell & Steiner Nr. 19, 2., völlig neu bearbeitete Auflage).

KLEMENZ, Birgitta, Kloster Andechs, Regensburg 2005 (Kunstführer Schnell & Steiner Nr. 394, 12., völlig neu bearbeitete Auflage).

KRAFT, Benedikt, Andechser Studien, in: Oberbayerisches Archiv für vaterländische Geschichte, Bd. 73 (1937) und Bd. 74 (1940), München 1937 und 1940.

LANG, Hugo, Hundert Jahre St. Bonifaz in München 1850-1950, München 1950.

LECHNER, Odilo OSB, BILGRI Anselm OSB, KAUFMANN, Hans-Günther, Wie Mönche leben, Augsburg 1997.

LECHNER, Odilo OSB, Welch gnadenreiche Zeit. Gedanken, Geschichten, Gebete und Lieder zu Advent und Weihnachten, Dachau 2008.

LECHNER, Odilo OSB, WILLNAUER, Franz, MATIASEK, Hellmuth, Carl Orff und der Heilige Berg Andechs, München 2008 (Edition Andechs 2).

LOB- UND DANCK-OPFER DEM DREYEINIGEN GOTT IN DENEN DREY WUNDERBARLICHEN HOSTIEN AUF DEM HEILIGEN BERG ANDEX WEGEN GLÜCKLICH HINTERLEGTEM DRITTEN JAHRHUNDERT; Augsburg 1756.

MAIER, Hans, DAVID, Fritz, AIGNER, Toni (Hrsg.), Die Orgel und die Musik auf dem Heiligen Berg, München 2010 (Edition Andechs 4).

MATHÄSER, Willibald OSB (Hrsg.), Maurus Friesenegger. Tagebuch aus dem 30jährigen Krieg, München 1974.

MATHÄSER, Willibald OSB, Andechser Chronik. Aus der Geschichte des Heiligen Berges, München 1979.

MATHÄSER, Willibald OSB, Andechs. Kloster- und Wallfahrtskirche auf dem Heiligen Berg am Ammersee, München 1985[11] (Kunstführer Schnell & Steiner Nr. 394).

MATHÄSER, Willibald OSB, Flüssiges Brot. Andechs und sein Klosterbier, durchgesehen und ergänzt von Anselm Bilgri OSB, München 1996[2].

MÄRTL, Claudia, Herzog Albrecht III., Nikolaus von Kues und die Gründung des Benediktinerklosters Andechs im Jahr 1455, Andechs 2005.

SATTLER, Magnus OSB, Das Büchlein vom heiligen Berge Andechs, Donauwörth 1876 (letzte, 13. Auflage 1930, hrsg. v. Augustin Engl OSB).

SATTLER, Magnus OSB, Chronik von Andechs, Donauwörth 1877.

SATTLER, Magnus OSB, Die Sankt-Nikolausanstalt in Andechs, Donauwörth 1881.

SCHÜLE, Wolfgang, Agnes von Andechs-Meranien. Königin von Frankreich 1196–1201, Andechs 2003.

STRACHWITZ, Rupert Graf von, AIGNER, Toni (Hrsg.), Elisabeth von Thüringen, München 2009 (Edition Andechs 3).

ZÖLLER, Josef Othmar, KLOSS, Marion, Andechs, Freilassing 1993 (Kleine Pannonia-Reihe 219).

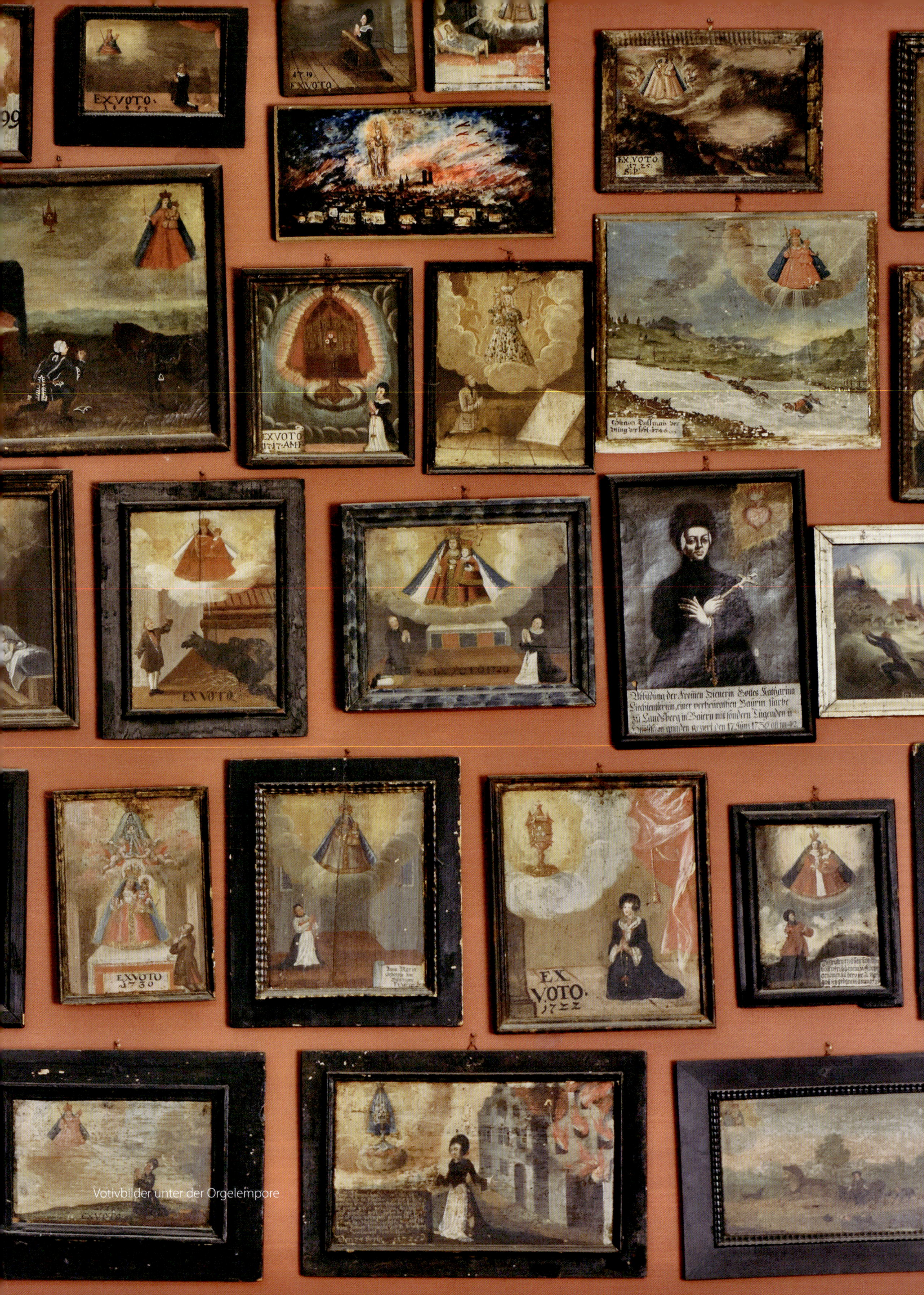

Votivbilder unter der Orgelempore